ENCYCLOPÉDIE

POPULAIRE,

OU

LES SCIENCES, LES ARTS ET LES MÉTIERS,

MIS A LA PORTÉE DE TOUTES LES CLASSES.

L'instruction mène à la fortune
et conduit au bonheur.

Les contrefacteurs seront poursuivis selon toute la rigueur de la loi.

Extrait du Code pénal.

Art. 425. Toute édition d'écrits, de composition musicale, de dessin, de peinture ou de toute autre production, imprimée ou gravée EN ENTIER OU EN PARTIE, au mépris des lois et règlemens relatifs à la propriété des auteurs, est une contrefaçon, et toute contrefaçon est un délit.

Art. 427. La peine contre le contrefacteur, ou contre l'introducteur, sera une amende de cent francs au moins et de deux mille francs au plus, et contre le débitant, une amende de vingt-cinq francs au moins et de cinq cents francs au plus.

La confiscation de l'édition contrefaite sera prononcée tant contre le contrefacteur que contre l'introducteur et le débitant.

Les planches, moules ou matrices des objets contrefaits seront aussi confisqués.

ART DE FABRIQUER

LES COULEURS ET VERNIS,

DE PRÉPARER LES HUILES, LES COLLES, ETC.,

pour tous les genres de peintures;

PAR M. E. PELOUZE.

PARIS,
AUDOT, ÉDITEUR,
RUE DES MAÇONS-SORBONNE, N° 11.
1828.

IMPRIMERIE DE A. HENRY,
RUE GIT-LE-COEUR, N° 8.

AVANT-PROPOS.

Le petit Traité que nous offrons ici a été conçu sur un plan beaucoup plus simple, mais tout-à-fait différent de tous ceux adoptés jusqu'à ce moment pour les Traités de peinture en bâtiment.

En général, les auteurs de ces sortes d'ouvrages ont compris sous un même titre, et la fabrication des couleurs et leur emploi.

Ils ont cru aussi devoir se livrer à des dissertations théoriques sur les causes et les effets physiques de la coloration ; ce qui occupe tant de place dans leurs livres, avec les dissertations chimiques obligées, qu'il en est bien peu resté pour la description des procédés.

Quant à nous, fidèle au plan de la distribution des matières pour l'Encyclopédie populaire, et convaincu que l'espace laissé à notre disposition doit être spécialement et entièrement consacré à la partie technique des arts que nous avons à traiter, nous tâcherons de ne remplir nos pages que des détails de la pratique; et, pour tout ce qui concernera la théorie, nous référerons aux ouvrages qui, faisant partie du même système de publications, restent dans le domaine de la science. Heureux si en ne parlant pas théories, nous savons nous renfermer dans une pratique éclairée qui n'ait rien de discordant avec elles !

Nous avons d'ailleurs envisagé sous un point vue totalement distinct, la fabrication des couleurs et leur mode d'emploi. Cela est encore conforme au plan de division méthodique adopté par l'éditeur de l'Encyclopédie populaire, dans la vue de répandre dans chaque atelier en particulier, les procédés qui lui sont propres. Et en effet, le peintre, le décorateur qui achète les couleurs toutes faites, doit être assez indifférent à la fabrication, de même que le fabricant de ces couleurs demeure en quelque sorte étranger à leur emploi. Pourquoi donc, par une agglomération vicieuse des matières dans un même livre, contraindrait-on l'un ou l'autre de ces artistes, ou tous les deux, à se procurer, sans aucune utilité réelle, la description d'un art qui ne les concernerait pas?

Ces considérations nous ont déterminé à diviser en deux parties, qui pourront s'acheter ensemble ou séparément, tout ce qui concerne : 1° la fabrication des couleurs, 2° la peinture en bâtiment, la tenture des papiers et les décors. C'est la seule peinture dont nous nous occupions dans cette partie-ci de l'Encyclopédie populaire ; mais, attendu qu'un grand nombre des couleurs préparées sont communes, non-seulement à ce premier genre de peinture, mais encore à des genres plus délicats ou plus relevés, nous avons cru devoir embrasser leur fabrication en général, y compris les préparations accessoires, telles que celles des huiles, des colles et des vernis de toute espèce. Nous donnerons donc les procédés de fabrication des couleurs pour grosse peinture intérieure et extérieure, pour tableaux, pour miniature, gouache, aquarelle, et enfin les couleurs au feu, pour porcelaine, cristaux, faïence et émaux. Nous avons tâché de ne rien laisser à désirer sur une fabrication dans laquelle nous avons acquis une expérience favorisée d'ailleurs par la nature de nos études. Quant à l'application des couleurs pour la peinture et les décors, nous avons senti la nécessité de nous faire aider par un homme du métier.

Celui qui a bien voulu prendre part à notre travail, est chef d'atelier. Sa longue expérience et les travaux nombreux auxquels il se livre journellement dans cette partie, sont des garanties bien propres à inspirer la confiance.

Vu le peu de tems que les ouvriers occupés ont à consacrer aux livres, nous n'avons rien négligé pour leur faciliter les recherches ; c'est ce qui nous a fait adopter l'ordre alphabétique, pour le classement des couleurs. Dans une matière que nous dégageons de tout raisonnement théorique, et quand il ne s'agit d'enchaîner entre eux, ni de lier aucune série de faits, cette méthode, en conservant tous les avantages de la commodité, est totalement exempte d'inconvénient.

Nous devons encore prévenir le lecteur, que ce serait quelquefois en vain qu'il chercherait à leur lettre, une foule de couleurs, que les fabricans en général semblent se plaire à reproduire, sous une synonymie plus ou moins compliquée. Tout ce luxe de noms souvent étrangers et baroques, ne multiplie pas en réalité les couleurs ; ou ce sont les mêmes nuances sous des noms différens, ou tout au plus ce sont des nuances différentes des mêmes teintes, et que l'on obtient à volonté, et sans qu'on puisse assigner de bornes à ces combinaisons, au moyen de mélanges des couleurs primitives en proportions variées.

L'essentiel est d'apprendre à fabriquer les couleurs suffisantes pour garnir la palette d'un artiste habile, et nous nous flattons d'être, dans notre petit Traité, parfaitement au niveau de tout ce qu'il y a de connu à cet égard.

Il serait possible, cependant, que le besoin de satisfaire aux exigences du public, dont la partie la plus nombreuse n'apprécie pas toujours bien toutes ces choses à leur vraie valeur, forçât le fabricant, en province surtout, à livrer des couleurs sous toutes les indications portées aux catalogues répandus dans le commerce. Ce que nous pourrions conseiller de mieux dans ce cas, serait de se procurer une série d'échantillons des nuances, et de les imiter, en y appliquant les mêmes dénominations que celles portées aux catalogues. Nous répétons que tout ceci n'est qu'une affaire de simple mélange sous la molette ou au moulin à broyer, en se servant des couleurs dont nous enseignons la fabrication.

Pour faciliter d'autant plus cette marche, nous avons rassemblé les catalogues de tous les fabricans de Paris, et nous en avons extrait un répertoire général, avec indication des prix de vente portés par les fabricans. Nous donnons ce tableau à la fin de notre ouvrage.

NOTIONS

DE

PRATIQUE ET D'OBSERVATION,

INDISPENSABLES AU FABRICANT DE COULEURS,

POUR LA PEINTURE..

DES COULEURS

EN GÉNÉRAL.

La préparation des couleurs est évidemment du domaine de la chimie, mais les principes particuliers sur lesquels repose cet art essentiel et curieux, sont assurément l'une des parties de la science qui restent encore enveloppée de plus d'obscurité. Nous n'avons pas d'ailleurs à nous en occuper.

Classification des Couleurs.

La première division générale des couleurs qui semble naturellement se présenter à l'esprit, est celle des couleurs opaques et des couleurs transparentes. Par les premières nous entendons toutes celles qui, étant étendues sur le papier, la toile, le bois, etc., les couvrent de telle manière, qu'elles interceptent complétement la vue de toute autre couleur, de toute autre tache de ce fond. Les secondes, quoiqu'en faisant affecter au fond sur lequel on les a placées, une teinte particulière, en laissent encore, cependant, voir la surface.

Parmi les couleurs opaques, on distingue principalement le blanc de plomb, le plomb rouge ou minium, le vermillon, etc. Le type des couleurs transparentes comprend, au contraire, celles dont on peut faire usage pour l'enluminure des cartes géographiques, etc., etc.

Il se présente encore une autre division à faire de ces substances, en couleurs à l'eau et couleurs à l'huile. Mais cette division est moins bien tranchée, parce qu'un grand nombre des couleurs sont communes à ces deux genres de peinture; avec cette différence très-remarquable, cependant, que la plupart des couleurs qui restent parfaitement opaques étant broyées à l'eau, deviennent plus ou moins transparentes étant broyées à l'huile : telles sont les cendres bleues, très-opaques à l'eau, qui semblent, en quelque sorte, se dissoudre dans l'huile et y acquièrent la plus grande transparence. Il en est encore de même pour toutes les couleurs qui ont pour base l'oxide d'étain et les sulfate et carbonate de chaux; tandis qu'au contraire, de toutes les couleurs, celles qui conservent le plus d'opacité étant mélangées avec de l'huile, sont celles qui ont pour bases les oxides de plomb, de mercure ou de fer. Le bleu de Prusse fait cependant exception à cette dernière règle, et quoiqu'il entre beaucoup de fer dans sa composition, l'huile ne le rend pas moins extrêmement transparent.

Toutes les couleurs à bases métalliques, le bleu de Prusse excepté, sont également opaques étant broyées à l'eau. Quant aux couleurs tirées des végétaux et des animaux, broyées à l'eau, elles sont transparentes, à l'exception du charbon végétal ou animal qui jouit de l'opacité à l'eau comme à l'huile.

Les couleurs peuvent encore être considérées comme simples ou composées. Nous éviterons de nous occuper de la question tant controversée de la nature des couleurs simples ou primitives; nous nous bornerons à considérer comme simples, toutes celles qui sont susceptibles de nous faire éprouver une sensation pleine et distincte sans qu'il soit besoin, pour cet effet, de leur rien ajouter. Sous ce point de vue, nous appellerons couleurs simples, le blanc de plomb, le minium, le vermillon, les oxides de fer, etc. etc. Au contraire, nous appellerons couleurs composées celles dont le mélange constitue une nuance, telles que le vert qui résulte de la réunion du bleu et du jaune, l'orangé produit par le rouge et le jaune, etc.

Une dernière division des couleurs pour arriver à une bonne classification, et qui serait beaucoup plus essentielle par son objet utile, que toutes celles qui précèdent, si elle pouvait être complète, est la distinction des couleurs en vraies ou permanentes, et en fausses ou peu durables et fugaces, soit que celles-ci en s'altérant passent à une autre nuance, ou que leur intensité s'affaiblisse seulement.

L'altération des couleurs est principalement due, soit à leur exposition au soleil d'été, ou à l'humidité des hivers. Le blanc de plomb broyé à l'huile est très-sujet à faire exception à cette règle: assez ordinairement s'il reste exposé à l'air et aux intempéries des saisons, il conserve sa nuance de blanc pur, tandis qu'il est fort rare qu'il ne brunisse pas considérablement ou qu'il ne jaunisse pas dans les lieux clos et à couvert. C'est surtout étant broyé à l'eau, que le blanc de plomb devient plus altérable dans sa nuance.

Les couleurs très-permanentes sont encore rares; malgré les grands progrès que l'on a faits dans cette partie, depuis trente ans surtout, on en est encore réduit à de nombreux tâtonnemens, qui n'ont pas toujours un entier succès.

A défaut de couleurs sur la permanence desquelles on puisse absolument compter, on doit au moins s'attacher à étudier les effets des changemens qui, une fois rendus à leur terme, n'offrent plus ordinairement aucune altération dans la nuance; et il convient dans ce cas, de s'arranger d'avance pour employer les couleurs encore neuves dans l'intention d'obtenir plus tard, sans nuire à son dessein, la couleur qui se produira par l'effet inévitable de l'exposition à l'air. C'est ainsi, par exemple, que dans la vue d'obtenir un *brun-pourpre* parfaitement inaltérable étant une fois formé, ce qu'il y aurait de plus certain serait d'employer d'abord la plus fugace, la plus altérable de toutes les couleurs, savoir, de la craie imbibée d'une solution de nitrate d'argent.

Sans entrer dans aucune théorie, que nous avons promis d'écarter scrupuleusement, il est certains effets généraux dont le fabricant de couleurs même, qui voudrait rester le plus étranger à la science, doit s'instruire. L'action que les acides libres ou quelques substances avec lesquelles ils sont combinés, exercent sur ce qu'il peut y avoir d'alcalin dans un mélange, et qui fait tourner au vert les couleurs bleues, ne doit pas rester ignorée du fabricant; il doit savoir encore que les acides avivent singulièment les rouges végétaux et animaux en général, et les font passer presque tous à l'orangé, ou à l'écarlate, ou au cramoisi, tandis que l'effet contraire des alcalis ou des substances dans lesquelles ces bases ne sont que faiblement engagées, est une tendance à la *brunissure* des mêmes couleurs, ou au *pourpré*. Les jaunes s'éclaircissent aussi par les acides, se foncent et se rembrunissent par les alcalis. Ces connaissances sont principalement utiles au fabricant de laques et de stils de grains pour lui épargner des tâtonnemens et des pertes. Il doit même savoir ne pas s'étonner d'effets encore plus surprenans qui se présenteront dans sa pratique sur les substances végétales dont il fera le mélange : ces effets sont très-communs et très-variés. Pour donner, en un seul exemple, une juste idée de tout ce qui peut se présenter à cet égard, nous citerons l'observation du docteur Forster qui a vu, à Otahiti, que les naturels obtiennent extemporanément pour la teinture de leurs tissus, le plus magnifique cramoisi, d'un simple mélange du suc jaune d'une petite espèce de figuier avec le suc verdâtre d'une fougère.

L'effet des acides en général que nous venons de rapporter est beaucoup moins sensible dans le cas d'emploi du muriatique; et l'ammoniaque, ou alcali volatil brunit moins que les alcalis fixes.

Des Excipiens des couleurs végétales et animales.

Puisque toutes les couleurs tirées des règnes végétal et animal ne peuvent être extraites qu'à l'aide d'un menstrue, soit aqueux ou spiritueux, elles ne peuvent être employées dans la plupart des genres de *peinture* qu'après avoir été dépouillées de ce menstrue, et c'est ordinairement dans cette vue qu'on les précipite sur une substance solide, ordinairement terreuse, susceptible de leur donner *du corps*, dans le langage des ouvriers; et selon la nature de cette substance, la couleur restera transparente, ou deviendra opaque. Il faut toujours dans ce cas faire choix d'une substance de *couche* extrêmement fixe et inaltérable, sur laquelle l'atmosphère n'ait aucune prise, et qui même, autant que possible, soit de nature à résister à l'influence des acides et des alcalis.

Les oxides de plomb et de bismuth sont également sujets à un grand inconvénient comme base ou *couche* des couleurs, à cause de leur grande altérabilité par diverses émanations qui les font passer au brun ou noir, ce qui doit nécessairement apporter un grand changement dans la couleur dont ils sont la base. A cet égard, l'oxide blanc d'étain semble offrir le plus de sûreté, soit qu'il ait été préparé par le moyen du feu ou de l'acide nitrique; mais, tant à cause de son prix comparativement élevé, que par le plus de difficulté qu'il présente dans le broyage, et surtout parce qu'il foisonne et *couvre* moins les surfaces que le blanc de plomb, il faut lui préférer celui-ci pour toutes les préparations communes, où le bon marché et l'économie du tems sont d'une importance majeure.

Généralités sur les Procédés de fabrication des couleurs végétales et animales.

Ce que nous venons de dire a posé les bases de toute fabrication de couleurs pour la *peinture* par voie de précipitation d'une substance colorante sur une base.

Procurez-vous une quantité de cette

base ou *couche* proportionnelle à la quantité de la substance colorante. Pulvérisez-la finement, avec addition de la substance dont vous aurez fait choix pour l'avivage de la couleur que vous voudrez obtenir, telle qu'alun, crême de tartre, etc., etc. Humectez, et laissez sécher ensuite lentement, afin que la réaction des ingrédiens ait lieu. S'il s'agit d'une couleur précieuse, vous pourrez, dans le plus grand nombre de cas, extraire la matière colorante à froid et à l'aide de l'alcool, celle de la cochenille, par exemple. Quand l'alcool sera bien imprégné de matière colorante, il faudra le verser petit à petit sur la matière solide, en broyant constamment celle-ci, pour y distribuer le plus exactement possible la couleur. L'esprit-de-vin ne tarde pas à s'évaporer, et la *couche* reste imprégnée de matière colorante. En employant de cette manière l'oxide blanc d'étain et la cochenille à l'alcool, on peut obtenir à bon marché une espèce de carmin très-beau, et propre à plusieurs usages.

Si, à la cochenille, on substitue, avec le même procédé, d'autres substances tinctoriales, telles que le bois de Brésil, le curcuma, le bois de Campêche, etc., on obtiendra diverses nuances de rouge, de jaune et de pourpre. Pour des couleurs plus communes, on pourra se contenter d'extraire la matière colorante au moyen de la macération ou de décoctions aqueuses, et on procédera de la même manière, avec cette différence, que l'eau ne s'évaporant que beaucoup plus lentement que l'alcool, on sera forcé de ne verser à la fois sur la *couche* qu'une quantité infiniment moindre de solution, ce qui rendra l'opération beaucoup plus longue.

Nous n'avons encore examiné que l'action des substances acides ou alcalines sur les matières colorantes; mais de la combinaison des acides avec les alcalis, les terres et les métaux, il peut naître des effets variables à l'infini. Quant aux règles pour juger *à priori* de ces différens effets ou de leur intensité, elles nous manquent encore, et nous ne pouvons apprécier les changemens de couleurs qui auront lieu par le mélange de telles ou telles subtances avec la matière colorante que très-imparfaitement, et au moyen de tâtonnemens. Nous savons cependant, en général, que les sels parfaitement neutres n'agissent que faiblement, et que ceux dont la saturation n'est qu'imparfaite, principalement parmi les sels métalliques, agissent beaucoup plus puissamment. L'alun et le sel ammoniac avivent considérablement et rehaussent la couleur de la cochenille, du bois de Brésil, du curcuma, du fustet, de la garance, du bois de Campêche, etc. Le même genre d'action, quoiqu'à un degré plus faible, a lieu avec le sel marin ordinaire, le sulfate de soude, le nitre, et plusieurs autres sels neutres. Les solutions de fer dans tous les acides noircissent les substances colorantes dont nous venons de parler, tout comme le sumac, la noix de galle et tous les astringens. Le sel ou sucre de saturne (acétate de plomb), en général, détériore toutes les couleurs rouges, et les ramène à la nuance pourprée sombre. Une solution de cuivre change la couleur pourpre du bois de Campêche en un assez joli bleu; et, en général, toutes les solutions cuivreuses sont favorables aux couleurs bleues. Les effets des solutions d'or, d'argent et de mercure sont moins connus; il paraît cependant qu'elles produisent des couleurs sombres qui ont peu de beauté. La solution métallique la plus puissante sur toutes les substances colorantes, végétales et animales, est celle d'étain. Celle-ci change la cochenille en écarlate magnifique; le même changement a lieu avec la matière colorante de la gomme laque. On peut par ce moyen obtenir, du bois de Brésil, un beau cramoisi; du bois de Campêche, un beau pourpre foncé. Le curcuma, le fustet, la gaude, et toutes les matières colorantes jaunes, tirées des bois et des fleurs, sont susceptibles, par l'addition du sel d'étain, d'être singulièrement avivées, et de fournir des stils de grains ou des laques d'une grande beauté. Les couleurs bleues des violettes, de l'iris, des barbots, etc., en reçoivent un bleu qui est même supérieur à celui de la solution de cuivre dans l'ammoniaque. En un mot, le muriate d'étain semble à lui seul avoir plus d'utilité dans l'art des couleurs, étant convenablement employé, que toutes les autres substances ensemble. L'application n'en est cependant pas universelle et sans aucun choix; car les couleurs de garance et de safranum sont changées par le sel d'étain en un orangé sale. Le roucou ne s'en trouve pas bien non plus; et, ce qui paraîtra très-remarquable, la magnifique couleur rouge de la teinture des roses faite par le moyen de l'acide sulfurique, devient, avec le sel d'étain, d'un vert sale.

Ce qu'il y a de plus essentiel à observer dans la fabrication des couleurs, c'est le choix de matériaux susceptibles de produire des effets durables. Une couleur, même très-ordinaire, préparée avec de tels matériaux, est bien à préférer à d'autres produits plus éclatans, mais sans permanence.

La cause de l'altérabilité des couleurs, plus prompte dans une substance que dans une autre, reste encore enveloppée de beaucoup d'obscurité, et les moyens que le hasard ou l'observation ont fournis d'y remédier dans quelques cas, ne sont guère propres à la dissiper. On sait, par exemple, qu'une décoction de bois de Brésil qui a été gardée pendant quelque tems dans un tonneau découvert, et qui est devenue visqueuse et moisie, produit une laque beaucoup plus solide qu'une semblable teinture dans son état de fraîcheur et d'intégrité. Où est la cause de cet effet ?

Énumération sommaire des Couleurs telles qu'on les trouve ordinairement indiquées sur les Catalogues des fabricans et des peintres.

1°. *Le noir.* — Noir de fumée, noir de bougie, noir-bleu, noir d'ivoire, et encre de Chine.

Le premier est de la suie, et c'est celui dont on fait l'usage le plus étendu.

Le noir d'ivoire se prépare, ainsi qu'on le fera connaître plus loin, avec des râpures d'ivoire ou des os calcinés à vaisseau clos. Quand cette couleur est bien préparée et point sophistiquée avec de la poudre de charbon, ce qui n'est pas rare, l'emploi en est beaucoup meilleur que celui du noir de fumée. On prépare, pour la peinture en détrempe, un noir opaque et foncé, en broyant le noir d'ivoire avec de l'eau gommée, ou mieux avec la liqueur qui surnage les blancs d'œufs qui ont été laissés pendant quelque tems en repos. Quelques personnes font à la fois usage des blancs d'œufs et de la gomme, et assurent qu'une petite addition des premiers fait mieux couler le noir d'ivoire du pinceau, et ajoute à son brillant.

Il convient cependant d'observer que, parce que le noir d'ivoire donne le ton le plus foncé dans la peinture à l'eau ou en détrempe, ainsi qu'à l'huile, ce n'est pas toujours sous ce rapport qu'il doit être préféré ; car il est rare qu'on ait besoin d'un noir de jais en peinture.

Pendant long-tems on a prescrit, pour la préparation du noir-bleu, de faire usage des jeunes pousses de la vigne charbonnées ; mais on y substitue, avec plus de commodité et tout autant de succès, un mélange de noir d'ivoire et d'une petite proportion d'indigo.

L'encre de Chine est un noir excellent pour la peinture en détrempe. On sait aujourd'hui très positivement que ce n'est qu'un mélange de noir de fumée et de colle de poisson. Nous donnerons plus loin le procédé exact de sa fabrication.

2°. *Le blanc.* — Les blancs de peinture que l'on connaît sont le blanc en écailles, le blanc de plomb, la corne de cerf calcinée, le blanc de perles, le blanc d'Espagne, le blanc de coques d'œufs, et le magistère de bismuth.

Le blanc en écailles et le blanc de plomb, à proprement parler, ne sont qu'une seule et même chose. Ce sont les seuls blancs dont on puisse faire usage dans la peinture à l'huile. Tous les autres blancs deviennent transparens, à moins qu'ils ne soient employés en détrempe. La corne de cerf calcinée ou phosphate de chaux impur, est le plus convenable de tous les blancs non métalliques. Le blanc d'Espagne n'est que de la craie lavée et préparée. Le blanc de perles se fait avec des écailles d'huitres, et le nom de blanc de coques d'œufs indique suffisamment son origine. Tous ces blancs à base calcaire, à cause de leur attraction pour beaucoup d'acides, doivent nécessairement avoir une influence plus ou moins désavantageuse sur beaucoup de couleurs avec lesquelles on les mêle ordinairement.

Quant au magistère de bismuth, il est très-sujet à noircir, de même que les blancs de plomb, et même plus que ceux-ci, quand on les emploie en détrempe.

3°. *Le rouge.* — Les couleurs rouges employées en peinture, sont de deux sortes, savoir : celles qui inclinent vers le pourpre, et celles qui s'approchent plus ou moins de l'écarlate, ou plutôt qui tirent à l'orangé. Parmi les premières on trouve le carmin, la laque, la laque carminée, l'ocre rouge et le rouge de Venise. Parmi les secondes, il y a le vermillon, le plomb rouge ou minium, l'ocre écarlate, le rouge indien commun, le brun d'Espagne, et la terre de Sienne brûlée.

Nous parlerons avec tous les détails que le sujet comporte, de l'intéressante fabrication du carmin, des laques carminées et des laques ordinaires. Le carmin est la plus brillante et la plus belle de toutes les couleurs rouges jusqu'à présent connues. Le carmin français a, dans tous les tems, eu des droits à une entière supériorité. La laque véritable diffère du carmin à cause de la facilité avec laquelle on peut la combiner avec les huiles; ce qui, avec le carmin, offre de grandes difficultés. La première tire aussi beaucoup plus que le carmin au pourpre, ce qui est réputé un défaut; et, plus une laque approche de l'écarlate ou du cramoisi vrai, plus on en fait de cas.

La laque carminée ou rosée est une très-belle couleur, qui tire plus au pourpre qu'à l'écarlate. Les laques carminées que l'on trouvait anciennement dans le commerce, semblaient avoir été avivées par un alcali qu'elles contenaient encore, ce qui en rendait l'emploi très-incertain, à cause des différens mélanges qui pouvaient influer sur sa composition; mais aujourd'hui, ainsi qu'on le verra dans la suite de cet ouvrage, on obtient des laques carminées de la plus grande solidité.

L'ocre rouge et le rouge de Venise ne diffèrent pas sensiblement du colcothar ou sulfate de fer convenablement calciné. Il est facile de donner aux oxides de fer, la teinte pourprée ou tirant à l'écarlate, selon que la calcination du sulfate est ménagée. Tant que l'oxidation est au maximum, la teinte est à l'écarlate; mais pour peu que, par l'addition d'une substance désoxidante, on change quelque chose à cette saturation, la nuance devient pourprée. Voilà en général le secret de cette longue suite de couleurs tirées des mars, que les fabricans multiplient à l'envi les uns des autres. Nous parlerons de ces divers procédés en leur lieu. La nomenclature de tous ces produits est extrêmement considérable : C'est là où nous trouvons l'*ocre écarlate*, le *rouge brun d'Espagne*, la *terre de Sienne brûlée*, etc. C'est une chose assez remarquable qu'on ne puisse jamais distinguer la couleur des oxides de fer que lorsqu'ils sont refroidis. Le colcothar, ou sulfate de fer calciné, tant qu'il est chaud, affecte constamment, quel que soit son degré d'oxidation, la couleur pourpre foncée et très-sombre.

Le vermillon et le minium sont des couleurs extrêmement durables. Le premier convient mieux pour la peinture à l'huile, et ne sert pas avec avantage dans la détrempe ; quant au second, c'est plutôt un orangé qu'un rouge décidé ; et comme toutes les autres préparations de plomb, il est sujet, dans certains cas, à pousser au noir.

4°. *Orangé.* — Les seules véritables orangés sont l'orpin rouge et la laque orangée. Le premier est un composé d'arsenic et de soufre : quant au second, on peut le préparer avec du curcuma infusé dans l'esprit-de-vin, dont on fera tomber la couleur sur de la chaux d'étain, en l'avivant d'ailleurs au moyen d'une solution muriatique du même métal.

Au surplus, toutes les nuances de l'orangé peuvent être extemporanément produites par divers mélanges de couleurs rouges et jaunes, en proportions convenables.

5°. *Jaune.* — Les jaunes les plus en usage, sont le jaune de roi, le jaune de Naples, le stil de grain de Hollande, le stil de grain d'Angleterre, le massicot, l'orpiment ou orpin jaune, l'ocre jaune, la terre de Sienne crue, et le turbith minéral.

Le jaune de roi est une préparation arsenicale. Cette couleur est d'abord de la plus grande beauté, mais très-sujette à passer, et on s'en sert bien peu.

Le jaune de Naples, que pendant si long-tems on avait cru aussi être une préparation arsenicale, est bien connu aujourd'hui pour avoir le plomb pour base, ainsi qu'on le verra plus loin. Voilà pourquoi il est si sujet à pousser au noir et à changer, ce qui en diminue considérablement la valeur et l'importance. Cette couleur craint spécialement le contact du fer, qui, en enlevant l'oxigène au plomb qui en fait sa base, le réduit et le noircit.

Le stil de grain de Hollande se prépare, dit-on, en faisant tomber la matière colorante de la graine d'Avignon sur de la craie finement pulvérisée et préalablement bien lavée; mais il y a cependant lieu de douter beaucoup de ce rapport, car la base du jaune de Hollande semble être bien plus rude et plus dure que la craie, et sa couleur est d'ailleurs bien plus durable que toutes celles qui ont cette substance pour *couche*. Mais, au surplus, on peut se procurer, avec facilité, d'excellens et très-beaux jaunes, en recevant sur du blanc de plomb pur, la matière colorante de la graine d'Avignon, du fustet, ou toute autre de la même nature. Le jaune ou stil de grain jaune d'Angleterre, est plus pâle que celui de Hollande, et il est bien moins permanent.

Le massicot se prépare en calcinant le blanc de plomb jusqu'à ce qu'il affecte une couleur jaunâtre. C'est, de toutes les préparations de plomb, la moins sujette à changer; mais elle est si terne, qu'on n'en fait guère d'usage, ni à l'huile ni en détrempe.

L'orpiment commun est un jaune verdâtre assez brillant, qui se prépare en faisant sublimer de l'arsenic avec du soufre. Son odeur nauséabonde, devenue beaucoup plus sensible encore par le broyage à l'huile, en rend l'emploi très-désagréable. Il n'est pas d'ailleurs très-durable. L'espèce d'orpin jaune qu'on doit préférer en peinture, est celle qui incline le moins au vert.

L'ocre jaune et la terre de Sienne crue, sont des argiles ferrugineuses, susceptibles de passer au rouge par la calcination, comme nous aurons occasion de le faire voir. On peut substituer à l'une et à l'autre, avec autant d'avantage, le précipité fait dans le sulfate de fer par le moyen de la chaux : Les Anglais employent très-fréquemment ce procédé.

On ne fait que bien peu d'usage du turbith minéral en peinture ; et cependant sa belle couleur jaune semblerait devoir le recommander pour cet emploi. Il est probable, d'ailleurs, que cette couleur serait très-durable. Nous parlerons en détail de sa préparation.

La gomme gutte est une couleur qui ne peut être employée qu'en détrempe ; c'est le jaune dont on fait le plus d'usage pour l'enluminure des cartes de géographie ; et cependant elle n'y est guère propre, tant à cause de son peu de transparence que de son peu de durée.

6°. *Vert.* — Le seul vert simple qui ait du brillant, est le vert-de-gris, ou les préparations dans lesquelles il entre. Cette belle couleur est cependant loin d'être durable. On en embellit encore la nuance, comme nous aurons occasion de le dire, en le faisant dissoudre dans du vinaigre distillé, et cristalliser; mais, par-là, on n'ajoute rien à sa permanence. Comme couleur en détrempe, on atteint en partie ce but, en combinant le vert-de-gris avec la crême de tartre, ou mieux, avec l'acide tartrique.

Quant aux verts composés, on peut les préparer, soit avec le bleu de Prusse ou tout autre, mélangé avec du jaune.

Mais, de quelque manière que ces couleurs puissent être composées, pour l'éclat et la beauté de la nuance, elles restent toujours fort inférieures à la nuance du vert-de-gris, même le plus commun. La solution tartrique de vert-de-gris, mêlée à un peu de gomme gutte, constitue la meilleure couleur verte transparente pour le lavis des cartes et plans; et le mélange du bleu de Prusse et de turbith minéral est probablement le meilleur des verts opaques.

Le vert de vessie est une couleur simple, mais infiniment inférieure au vert-de-gris, et même à la solution tartrique de vert-de-gris mêlée à la gomme gutte. Le vert de vessie est préparé avec le suc des baies de nerprun, que l'on en extrait avant leur maturité, et que l'on fait évaporer et épaissir jusqu'en consistance de gomme. Ce vert tire beaucoup au jaune. On a fort parlé, sous le nom de *vert de Prusse*, d'un mélange de bleu de Prusse et d'ocre jaune. Il n'a aucune beauté, et n'est même pas très-durable. On le prépare à la manière du bleu de Prusse ordinaire, avec une lessive prussique non saturée ; mais on évite de dissoudre par l'acide muriatique, l'oxide de fer qui se précipite en même tems que le bleu de Prusse.

On se sert encore quelquefois d'une autre couleur verte connue sous le nom de *terre verte*, qui est une substance naturelle, probablement une argile imprégnée d'oxide de cuivre. Elle est d'un vert bleuâtre, qui a beaucoup de la nuance dite *vert de mer*. Cette substance est âpre et rude; elle exige d'être long-tems broyée avant d'en faire usage. La couleur en est durable, mais pas très-brillante. C'est cette substance que Haüy a désignée sous le nom de *Chlorite Zographique*. On en reconnaît de deux sortes, savoir : *terre verte commune* et *terre verte de Vérone*; Cette dernière est d'une beaucoup plus belle teinte.

7°. Le *Bleu*. — Les couleurs bleues sont principalement l'outremer, le bleu de Prusse ou de Berlin, les cendres bleues, le smalt, l'indigo, le bleu de montagne. Dans ces derniers tems, la belle découverte de M. le professeur Thénard a ajouté à cette liste, le bleu qui porte son nom, et que quelques-uns appellent aussi *bleu cobalt*.

L'outremer est de toutes ces couleurs la plus belle; malheureusement on n'en peut guère faire d'usage, à cause de son haut prix. Nous parlerons plus loin de sa préparation. Cette couleur est extrêmement brillante, et quel que puisse être son excipient, jamais elle ne change ni ne perd de son intensité.

Nous parlerons aussi du procédé de fabrication du bleu de Prusse : il suffira ici de dire qu'il convient de le choisir foncé en couleur, brillant, et sans aucune nuance pourprée. Il faut en faire l'essai par un mélange avec le blanc de plomb, car c'est alors que son brillant devient bien plus appréciable que lorsqu'il est vu en masse.

La couleur des cendres bleues, dont nous décrirons également le procédé, tenu secret pendant long-tems, est extrêmement flatteuse et brillante, mais elle a une nuance verte assez prononcée.

Le smalt est un verre coloré par le safre (mélange d'oxide de cobalt et de silice); il est ordinairement si grossièrement pulvérisé, qu'il devient impossible de s'en servir en peinture, et sa dureté est telle, qu'il est fort difficile à broyer. C'est une couleur extrêmement brillante et durable; de manière que, lorsqu'on peut parvenir à lui donner un degré de finesse suffisant, on l'emploie avec avantage en place d'outremer. Le docteur Lewis a recommandé, comme pierre à broyer cette couleur, des plaques en *porcelaine dite de Réaumur*.

Le bleu de montagne se prépare avec la substance naturelle connue sous le nom de *lapis armenus*, contenant un oxide de cuivre dans un état particulier. C'est la couleur qui convient le mieux de tous les bleus, pour la peinture en bâtimens, à cause du *corps* qu'elle a, mais elle est extrêmement pâle. Elle s'emploie assez facilement; mais cependant elle est un peu rude, et par conséquent elle exige un assez long broyage. Après l'outremer, c'est de tous les bleus celui qui fatigue le moins la vue.

L'indigo n'est que peu en usage en peinture, soit à l'huile, soit en détrempe, à cause de son peu d'éclat. Il n'exige d'autre préparation, pour les emplois ordinaires, qu'un lavage répété à l'eau bouillante.

Le bleu cobalt, ou bleu Thénard, peut s'employer avec presque autant d'avantage que l'outremer, pour les peintures les plus délicates : on ne lui connaît qu'un seul défaut, c'est de paraître, vu le soir à la lumière d'une chandelle, d'une nuance tirant sur le violet; inconvénient qui peut occasioner un dérangement dans le rapport des tons que l'artiste a voulu exprimer.

Ce n'est aussi que par son exposition à l'air que le bleu Thénard peut acquérir toute l'intensité de sa couleur, tandis que l'outremer est invariable. Il faut donc, dans l'emploi du bleu Thénard, calculer d'avance cet effet.

8°. Le *Pourpre*. — La seule couleur simple de cette nuance dont on fasse usage aujourd'hui, est le colcothar ou sulfate de fer calciné. Mais on peut préparer une superbe laque pourpre avec le bois de Campêche et la solution de muriate d'étain.

9°. Le *Brun*. — Les couleurs brunes sont : le bistre, l'ocre brun, la terre de Cologne, la terre d'ombre et le stil de grain brun.

Le bistre est une couleur très-utile pour les détrempes, parce qu'elle est d'une extrême finesse, très-durable, et n'est susceptible de nuire à aucune autre couleur avec laquelle on pourrait la mêler.

Le stil de grain brun est une craie colorée par le fustet altéré par les sels alcalins ; ce qui le rend très-fugace, et par conséquent presque hors d'usage. Les autres bruns ne sont que des espèces de terres ocreuses.

Nous terminerons ici ce tableau des substances colorantes en général, et nous allons donner, par ordre alphabétique, la description des procédés de fabrication applicables à toutes les couleurs qui sont un produit de l'art.

ART DE FABRIQUER

LES COULEURS

ET VERNIS.

Acétate de cuivre. — *Verdet cristallisé ; cristaux de Vénus.*

La consommation de ce sel en peinture étant fort limitée, et sa fabrication appartenant spécialement à nos départemens du midi, où la facilité des procédés est dépendante de circonstances locales contre lesquelles il serait difficile de lutter avec avantage partout ailleurs, nous nous étendrons peu sur les détails de cette fabrication. Il suffira d'avertir que si, par l'effet de quelque circonstance particulière, l'on ne pouvait s'en procurer à la source du produit, et que l'on fût forcé d'en fabriquer soi-même, il faudrait, au *procédé languedocien*, substituer, comme plus économique, l'emploi de l'acide pyro-ligneux, ou vinaigre de bois purifié, qu'on trouve aujourd'hui dans le commerce à un prix très-modéré.

On mettrait dans une chaudière de cuivre une partie de vert-de-gris ordinaire, avec deux parties de vinaigre de bois réduit pour la force au degré du bon vinaigre d'Orléans. Chauffer légèrement, en agitant continuellement la matière avec un mouveron en bois, ou mieux en verre ou en cuivre; tout le vert-de-gris ne sera pas dissous. Laisser reposer, décanter dans des vases vernissés. Verser de nouveau vinaigre sur le résidu. Les résidus étant épuisés de parties solubles dans le vinaigre, ce n'est plus alors que du cuivre bien voisin de l'état métallique; les mettre de côté.

Faire évaporer les dissolutions jusqu'à consistance de sirop épais, et qu'il se manifeste à la surface du liquide une pellicule cristalline. Distribuer alors la liqueur dans des vases de terre vernissés, dans chacun desquels on aura placé deux ou trois bâtons d'un pied de long fendus en croix jusqu'à deux pouces de leur extrémité supérieure, et maintenus écartés vers leur base au moyen de petits bois. Les cristaux d'acétate de cuivre s'attacheront à cette espèce de pyramide, tenue renversée dans la liqueur. Il faut laisser cristalliser pendant une quinzaine de jours. On obtient, en général, en acétate cristallisé, environ un tiers du vert-de-gris employé.

On sature les eaux-mères de la cristallisation avec de nouveau vert-de-gris, et on obtient ainsi de nouvel acétate.

Les résidus de cuivre métallique dont il a été parlé plus haut seront traités, pour en obtenir du vert-de-gris, comme il sera dit à l'article de ce dernier produit.

L'acétate de cuivre cristallisé peut s'obtenir aussi par l'effet de doubles décompositions; mais tous ces procédés n'offrent pas d'économie sur celui que nous venons de décrire.

Nous ne parlerons pas de la fabrication du vert-de-gris, parce que c'est un produit qui fait l'objet d'une industrie particulière à des départemens qui en mettent dans le commerce de grandes quantités ; c'est une fabrication locale, abandonnée, en quelque sorte, aux soins de chaque ménage, et aucun fabricant de couleurs ne trouverait d'avantage à s'en occuper en concurrence avec tant de producteurs.

Azur. — *Bleu d'émail.*

Produit des fabriques de Saxe et de Bohême. Il y en a une fabrique dans la vallée du Luchon, dans les Pyrénées.

Le minerai de cobalt, préalablement trié, lavé et boccardé, est ensuite grillé pendant long-tems avec de la silice; il prend alors le nom de *safre.*

Uni à de la potasse et vitrifié, le safre produit de l'azur.

Composition.

Safre.......... 100 à 150 parties.
Quartz pulvérisé 300 parties.
Potasse calcinée 140 *id.*

On fond ce mélange dans de grands creusets. Quand la vitrification est complète, ce qui ordinairement a lieu au bout de douze heures, on cueille le verre à la poche, et on le jette dans l'eau froide pour le faire tressaillir.

On boccarde la matière, et on la réduit en poudre fine dans des moulins formés de deux meules horizontales en grès très-dur, l'une fixe et l'autre mobile, et contenues dans une espèce d'auge circulaire pleine d'eau. La matière broyée est soutirée par des chantepleures et reçue dans des baquets, d'où on la transporte dans une grande cuve, armée de robinets à différentes hauteurs. C'est en agitant la matière dans cette cuve et en la faisant écouler, suivant le degré de finesse, par chacun des quatre robinets de la cuve, que l'on obtient ce qu'on appelle mal à propos l'azur du *premier feu*, du *deuxième*, du *troisième*, etc.

On pourrait, en repassant les trois espèces d'azur les moins fines sous les meules, en réduire la totalité au même degré de finesse; mais ordinairement on le conserve de différentes grosseurs, parce que chacun des échantillons a un usage qui lui est propre.

L'azur le plus fin est employé dans la peinture en détrempe ou à fresque.

Bleu de Cobalt. — *Bleu de Thénard.* Cette couleur est admirable, et dans beaucoup de cas il est possible de la substituer à l'outremer.

Prenez de la mine de cobalt de Tunaberg, en Suède; faites-la griller dans un petit fourneau de maquer; remuez fréquemment pendant la calcination, et continuez jusqu'à ce qu'il ne se dégage plus du tout de vapeurs arsenicales et sulfureuses.

Faites bouillir légèrement la mine ainsi grillée et pulvérisée dans un matras de verre, avec un excès d'acide nitrique faible. Après avoir décanté le liquide surnageant, faites-le évaporer presque jusqu'à siccité, en vous servant d'une capsule de porcelaine ou mieux de platine. Délayez le résidu dans de l'eau bouillante, et filtrez pour séparer l'arséniate de fer. Versez la solution filtrée et claire dans une solution de sous-phosphate de soude. Il se précipitera du phosphate de cobalt insoluble.

Ce précipité, violet d'abord, est susceptible de devenir rosé par le séjour sous l'eau. Lavez-le exactement sur un filtre et rassemblez-le tandis qu'il est encore humide et gélatineux. Mêlez-le le plus exactement qu'il sera possible avec huit fois son poids d'alumine en gelée. Ne cessez pas de triturer jusqu'à ce que la pâte ait acquis une teinte parfaitement uniforme. Etendez ensuite le mélange sur des planches dans une étuve. Lorsque la matière sera devenue dure et cassante, broyez-la à sec dans un mortier, et exposez-la au feu dans un creuset de terre recouvert. Tenez à la température du rouge cerise pendant une demi-heure. Retirez alors le creuset du feu, et l'opération est finie.

Voici le procédé pour obtenir l'alumine gélatineuse dont nous venons de parler, et qui est indispensable pour le bleu.

Prenez de l'alun bien pur, exempt de fer au point que le prussiate de potasse n'en bleuisse pas la solution. Dissolvez-le dans une quantité d'eau chaude au moins triple de celle nécessaire pour cette dissolution, et précipitez par l'ammoniac en excès, en agitant vivement. Laissez ensuite en repos pendant assez long-tems. Enlevez alors le liquide à l'aide du siphon. Remplacez-le par une égale quantité de nouvelle eau pure. Répétez les lavages jusqu'à ce que l'eau en sorte parfaitement limpide. Plutôt un excès qu'un défaut de lavage. Filtrez ensuite le résidu, qui restera en gelée sur le filtre.

Vous n'obtiendrez l'alumine en gelée

et bien lavée, qu'en observant strictement ce qui vient d'être prescrit.

BLEU DE MONTAGNE. — *Cendres bleues naturelles; cuivre azuré.*

Ce carbonate de cuivre se rencontre en quantité notable dans presque toutes les mines de cuivre. Il s'offre assez ordinairement en grains.

Il suffit, pour l'usage, de le broyer à l'eau et de l'affiner par plusieurs lavages et décantations ; mais comme il est toujours assez rare, on y supplée par les cendres bleues artificielles dont il va être parlé immédiatement.

Cendres bleues. Faites dissoudre à chaud du sulfate de cuivre. (couperose bleue.)

D'autre part faites dissoudre du muriate de chaux.

Mélangez les solutions en quantités respectives telles que toute la couperose soit exactement décomposée et qu'il n'y ait plus dans le mélange que du sulfate de chaux d'une part, et du muriate de de cuivre de l'autre ; ce dont vous pourrez vous assurer par un tâtonnement facile.

Laissez former complétement le dépôt de sulfate de chaux, et soutirez à clair le muriate de cuivre.

Ayez une bouillie de chaux vive délayée dans l'eau et passée au tamis de toile métallique très-fine, pour en séparer tous les grumeaux.

Mélangez cette bouillie de chaux avec le muriate de cuivre dans la proportion de 9 parties en poids contre 65 parties environ de cuivre. Agitez fortement à l'aide d'une spatule en bois. Laissez déposer. Lavez la pâte obtenue, et faites égoutter sur des filtres en toile.

On n'a encore qu'une pâte verte; pour la bleuir, ayez d'une part une solution de sel ammoniac et une autre de couperose bleue (sulfate de cuivre).

Mettez la pâte verte dans une espèce de moulin de l'espèce des moulins à moutarde. Broyez finement et faites couler la matière dans une grosse bouteille ou tourille. Versez dessus les deux solutions de couperose bleue et de sel ammoniac; secouez fortement la tourille. Bouchez-la ensuite hermétiquement, et laissez en repos pendant quatre ou cinq jours. Après ce tems, versez le contenu de la tourille dans une cuve en bois et ajoutez-y une grande quantité d'eau claire. Agitez la matière dans la cuve, laissez déposer, décantez l'eau surnageante; recommencez jusqu'à huit fois le même lavage.

Portez ensuite le résidu bien lavé sur un filtre en toile, et laissez-le bien s'égoutter.

Cette matière s'emploie principalement dans la peinture en détrempe.

BLEU D'OUTREMER.

Cette couleur, toujours d'un prix extrêmement considérable quand elle est belle et pure, ne se fabrique pas à proprement parler : on ne fait que l'extraire d'une pierre rare et chère dans le commerce, qui nous est apportée de Perse, de la Chine, etc., et qui est connue sous le nom de *Lazulite outremer*.

Voici le procédé d'extraction :

Concassez la pierre dans un mortier de fonte. Faites en sorte, après cela, d'en séparer, à l'aide de ciseaux en acier, les parties non-colorées, adhérentes au vrai lazulite; chauffez le lazulite trié jusqu'au rouge, et jetez-le tout chaud dans l'eau froide, pour l'étonner et le rendre friable. Réduisez ensuite en poudre impalpable. On ne saurait pousser ensuite trop loin la porphirisation du lazulite, puisque c'est de la tenacité des molécules que dépend tous le succès de l'opération. Le broyage à l'eau dans un moulin convenablement approprié à cet usage, serait le meilleur moyen.

Faites sécher la pâte impure de *lazulite* ainsi obtenue, pour en extraire ensuite l'outremer fin; composez le mastic dont suit le dosage : Pour 100 parties de lazulite pulvérisé, prenez résine ordinaire 40 parties, cire blanche 20, huile de lin 25, poix de Bourgogne 15. Faites fondre et incorporez dedans, par petites parties, le lazulite pulvérisé, en remuant sans cesse. Versez ensuite le mélange fondu dans un vase plein d'eau froide. Servez-vous de deux spatules pour diviser d'abord la masse résineuse, et ensuite, avec les mains, vous la pétrirez en boules commodément maniables.

Laissez les boules dans l'eau pendant quinze jours. L'outremer s'en séparera mieux. Au bout de ce tems, malaxez les boules dans l'eau froide. Celle-ci se colorera en bleu. Si cette coloration est très-lente, tiédissez l'eau, ou même chauffez-là jusqu'à 60° centigrades. Quand le liquide sera d'un bleu très-foncé, transportez les boules dans un autre vase, et répétez la même opération. Continuez enfin ces changemens de vases jusqu'à ce que l'eau ne se colore plus que très-faiblement.

Il faut toujours fractionner les produits, si l'on veut obtenir des qualités distinctes d'outremer. Le premier lavage donne le plus beau, le plus vif. Assez ordinairement, on partage ainsi en trois le produit total.

Laissez déposer la couleur. On décante l'eau; on renouvelle, et on recommence la décantation, et cela à plusieurs reprises. On fait sécher les dépôts et on en sépare tout ce qui peut y adhérer de résineux, au moyen de deux lavages successifs à l'esprit-de-vin.

Des lavages subséquens produisent encore un bleu très-pâle, connu dans le commerce sous le nom de *cendres d'outremer*. On emploie ce bleu de peu de valeur, concurremment avec celui qu'on extrait des parties de la gangue qui avoisinent le lazulite. On s'en sert principalement pour la peinture des décorations en détrempe, parce qu'il ne change jamais.

Le prix élevé de l'outremer, qui a valu jusqu'à 200 francs l'once, son extrême rareté, donnent bien de l'intérêt aux tentatives qu'on pourrait faire pour en produire artificiellement. Dans la dernière séance de l'Académie des sciences (février 1828), il vient d'être fait un rapport dans lequel on annonce que M a complétement réussi dans cette fabrication. Il tient encore son procédé secret; mais il déclare que c'est en observant les résultats de l'analyse du lazulite par M. Clément, qu'il a été conduit à l'intéressante découverte qu'il annonce.

BLEU DE PRUSSE. — *Bleu de Berlin.* Toutes les matières animales sont susceptibles de donner du bleu de Prusse par leur calcination avec les alcalis; mais aucune n'en peut autant fournir que le sang.

D'abord il faut faire évaporer toute l'eau contenue dans le sang, ce qui est une opération assez longue et désagréable à cause de l'odeur fade et nauséabonde qui s'exhale. On se sert pour cela d'une chaudière en fonte de fer peu profonde. Il faut chauffer le plus rapidement possible, en agitant continuellement avec un ringard en fer.

Écrasez, émiettez le sang desséché et étalez-le sur de grandes tables pour l'exposer dans cet état au soleil; puis on le met dans des tonneaux qui restent ouverts. Si on l'y plaçait au sortir de la chaudière il se corromprait.

Faites dissoudre une partie de potasse dans une très-petite quantité d'eau, et avec cette solution, arrosez dix parties de sang desséché, en y ajoutant environ un centième de battitures de fer pulvérisées. Mélangez exactement et versez dans un creuset de fonte, calcinez dans un fourneau ordinaire. Les dimensions du creuset peuvent varier. Il est bon d'en avoir de cylindriques, arrondis par le fond, de 1 pied de diamètre environ sur 16 pouces de profondeur.

D'abord le mélange se ramollira et brûlera avec flamme. Il s'affaissera ensuite peu à peu. Une majeure partie de la capacité du creuset restera vide. Remplissez de nouveau avec le même mélange de sang alcalisé. Remuez constamment avec une tige de fer, et maintenez le creuset toujours plein. Après cinq ou six heures de calcination, la vapeur ne s'enflammera plus et la matière vous paraîtra fortement charbonnée. Il faut maintenant augmenter considérablement la chauffe pour faire éprouver au mélange une espèce de fusion : elle s'attachera dans cet état à la tige en fer. Cette haute chauffe doit durer environ deux heures pour un creuset de la capacité dont nous avons parlé. Après quoi, retirez la matière du creuset à l'aide d'une cuiller ou poche en fer, et projetez dans une quantité d'eau froide à peu près du double du sang employé. Cette eau doit être contenue dans une chaudière de fonte, sous laquelle on fera ensuite du feu. Poussez jusqu'à l'ébullition, puis filtrez la liqueur sur des carrés de toile un peu serrée. Le marc doit être repris et lessivé de nouveau. Les liqueurs filtrées étant réunies, distribuez-les dans de larges baquets peu profonds. Laissez ces liqueurs exposées à l'air pendant quinze jours au moins, pour qu'elles cessent d'être hydrosulfurées. Après ce tems, dissolvez, pour chaque partie de potasse employée, trois parties d'alun et une demi-partie de sulfate de fer (couperose verte) que préalablement vous aurez fait bouillir avec une petite quantité d'acide nitrique (un gros d'acide nitrique par livre de couperose).

Il ne faut faire le mélange des solutions de couperose et d'alun qu'au moment de s'en servir.

Maintenant versez peu à peu ce mélange dans la lessive de sang et passez en même tems avec beaucoup d'exactitude, à l'aide d'un long bâton. Vous obtiendrez un précipité abondant d'un bleu plus ou moins pur et foncé. Laissez déposer, siphonnez la liqueur claire. Lavez le précipité à plusieurs reprises et jusqu'à ce que l'eau sorte parfaitement claire. Jetez alors le dépôt sur une toile. Secouez fréquemment le châssis afin d'exprimer l'eau. Quand la pâte sera bien égouttée, soumettez-la à la presse et divisez le gâteau que vous en aurez formé en petits carrés, que vous laisserez sécher à l'air libre sur des tablettes bien exactement abritées du soleil. En hiver on peut faire sécher à l'étuve, pourvu que la température n'excède pas 25 degrés centigrades.

Produit, environ 10 onces de bleu de Prusse par livre de potasse employée.

Souvent pour les peintures en détrempe, le bleu de Prusse se livre par le fabricant à l'état de pâte liquide.

Les fabricans de couleurs de Paris, multipliant sans cesse les dénominations, vendent sous le nom de *bleu minéral*, un bleu de Prusse qui ne diffère de tous les autres que par une proportion d'alumine beaucoup plus grande.

Carbonate (sous) de cuivre.

Ce sel ne se fabrique guère que pour le faire entrer dans la composition de quelques couleurs pour les émaux.

Prenez sulfate de cuivre (vitriol bleu); décomposez par la potasse du commerce Vous dissoudrez d'abord chaque substance séparément. Il se formera un précipité insoluble de sous-carbonate de cuivre fort abondant, de couleur vert-pomme, que vous ferez sécher.

On connaît aussi un cuivre carbonaté naturel, qui sert dans la peinture. Il porte le nom de *vert de montagne* ou *vert de Hongrie*, parce qu'on le trouve assez abondamment dans les montagnes de Kern-Hausen, en Hongrie. Il est toujours mélangé de plus ou moins de matières terreuses, qui en atténuent la couleur. Ce sont communément de petits grains rudes au toucher.

Carbonate (sous) de manganèse.

On ne se procure le sous-carbonate de manganèse, pour l'emploi en peinture, que dans la vue de le décomposer par la chaleur, afin d'obtenir de cette manière, un oxide noir de manganèse très-pur et comme velouté.

Prenez muriate de manganèse restant dans les vases qui ont servi à la fabrication du chlore pour le blanchîment. Décomposez par la potasse, lavez le précipité, faites-le sécher et chauffez le ensuite doucement sur une plaque de tôle. Vous obtiendrez ainsi un bel oxide noir de manganèse.

Carmin.

Il a été publié un très-grand nombre de recettes pour la fabrication du carmin. Nous serons forcés de nous borner à celles qui nous semblent donner les meilleurs résultats.

Prenez une livre de belle cochenille

en poudre, 4 gros de potasse perlasse, 9 gros d'alun en poudre, 4 gros de colle de poisson.

Faites bouillir la cochenille avec la potasse dans une bassine de cuivre contenant cinq seaux d'eau. Il se fera une grande effervescence, que vous apaiserez chaque fois avec un peu d'eau froide.

Il suffit que cette ébullition dure quelques minutes. On jette dans la bassine, que l'on a enlevée du feu, l'alun en poudre, et la couleur s'avive à l'instant même.

Au bout de quinze minutes, le dépôt est fait et la liqueur surnageante est devenue très-claire, c'est dans cette liqueur qu'est contenu le carmin.

Décantez-la dans une autre bassine, que vous placerez sur le feu en y ajoutant la colle de poisson dissoute dans beaucoup d'eau.

Aussitôt que la liqueur est entrée en ébullition, on voit le carmin monter à la surface du bain.

Retirez aussitôt la bassine et remuez avec une spatule. Le dépôt se fera rapidement et vous le ferez égoutter sur une toile serrée.

La liqueur, encore très-colorée, après l'extraction du carmin, est, dans cet état, très-propre à la fabrication des laques carminées. (*Voyez Laques.*)

Autre Procédé.

Faites bouillir, dans une bassine, six seaux d'eau de rivière. Au moment de l'ébullition, mettez-y deux livres de belle cochenille en poudre fine. Après deux heures d'ébullition, ajoutez 3 onces de nitre pur, et bientôt après 4 onces de sel d'oseille. Laissez encore bouillir dix minutes, et ôtez la chaudière du feu. Laissez ensuite reposer quatre heures. Siphonnez alors la liqueur surnageante, et partagez-la dans plusieurs terrines. Laissez ces terrines sur une planche pendant trois semaines. Elles se couvrent de moisissure, qu'il faut enlever à l'aide d'une petite éponge fine fixée sur une tige flexible. Siphonnez ensuite l'eau, et vous trouverez le carmin fortement attaché au fond des terrines.

Carthame (Rouge de).

La fleur du carthame contient deux matières colorantes très-différentes l'une de l'autre. La première est facilement soluble dans l'eau froide, et ne donne que des nuances ternes et sans valeur. L'autre, qui semble résineuse, n'est pas soluble de la même manière et il suffit pour les séparer, de laver le carthame sous un filet d'eau.

Lorsque l'eau sortira totalement incolore, mettez les fleurs à macérer dans une solution très-légère de sel de soude; le bain prendra presque instantanément une teinte jaune rougeâtre foncée. Après une macération suffisante, on passe la liqueur à travers un linge, puis on y verse du suc de citron, ou mieux, une solution d'acide citrique cristallisé. La matière colorante se précipite aussitôt. Recueillez-la, lavez, distribuez sur des soucoupes, et laissez sécher à l'ombre. Cette matière colorante, qui a l'aspect changeant des cantharides, étant mélanges avec du talc, est ce qu'on connaît sous le nom de *rouge des dames* pour la toilette.

Céruse. — *Blanc de plomb. Sous-Carbonate de plomb.* (Huile détrempée.)

Il nous serait impossible de rapporter

ici tous les procédés de fabrication de la Céruse. Nous ne parlerons que de celui qu'on peut à juste titre appeler le *procédé français*, et qui, pour presque toutes les localités du royaume, semble offrir le plus d'économie, en même tems qu'une plus grande uniformité, et plus de certitude dans les produits, avec moins de danger pour la santé des ouvriers.

Prenez 100 kilog. d'acide acétique, à 8°. de l'aréomètre; ajoutez-y à froid 275 de litharge pulvérisée finement. Remuez fréquemment pendant douze heures; ensuite laisser déposer; décantez. Reprenez le résidu par de nouvel acide, il restera finalement un petit résidu inattaqué par cet acide.

Faites passer la liqueur claire dans de grandes cuves couvertes, fort étendues en surface et de peu de profondeur.

Il s'agit de faire arriver de l'acide carbonique dans la liqueur contenue dans ces cuves, pour en précipiter le blanc de plomb; et voici comment on peut s'y prendre.

Dans un grand matras en plomb, en grès ou en verre, on met de la craie délayée dans de l'eau, en consistance de bouillie claire, et on y verse de l'acide sulfurique, que préalablement on a mélangé dans un vase en plomb avec poids égal d'eau, et laissé refroidir. Afin de favoriser le dégagement de l'acide carbonique, il faut que le matras soit percé d'un trou, qui reçoive une douille enveloppée d'un morceau de peau molle. On passe dans la douille un bâton destiné à agir comme mouveron jusqu'au fond du matras, et on attache le cuir de la douille sur ce bâton, pour fermer hermétiquement le passage à l'acide carbonique de ce côté-là.

Le matras, à son col, porte un gros bouchon de liége, dans lequel entre un tube en plomb, recourbé, qui plonge à environ deux pouces de profondeur, dans un tonneau aux trois-quarts plein d'eau, dans laquelle on a fait dissoudre une très-petite quantité d'acétate de plomb (sucre ou sel de saturne), ou plus commodément dans laquelle on a mis de la liqueur des cuves.

Ceci a pour objet de purifier l'acide carbonique à son passage, et d'empêcher que le sulfure ne salisse le blanc de plomb.

Du tonneau dont il vient d'être parlé, il part un second tube qui va plonger dans les cuves, contenant la litharge dissoute par le vinaigre.

A mesure que l'acide carbonique se dégage du matras, il se fait dans les cuves un abondant précipité de blanc de plomb, et on favorise cet effet en agitant la liqueur à l'aide d'un moussoir.

Quand il ne se dégage plus rien du matras, on laisse reposer pendant quelque tems la liqueur des cuves, et on soutire le clair par des chantepleures en bois.

Le dépôt de blanc de plomb est lavé, et les eaux de lavage sont ajoutées à la liqueur soutirée à clair. On ajoute à celle-ci encore 10 kilog. du même acide acétique précédemment employé, et on recommence de nouveau le traitement avec 275 kilogrammes de litharge pulvérisée.

La même opération se renouvelle constamment, en ajoutant chaque fois les eaux de lavage du blanc de plomb, et 10 kilog. d'acide acétique.

Revenons maintenant au blanc de plomb obtenu. Après qu'il a été lavé jusqu'à ce que l'eau ait sorti parfaitement incolore, on le met à égoutter, et enfin on le fait sécher à l'étuve.

Si l'on veut que la céruse imite bien celle de Hollande, on ne lave pas complétement le blanc de plomb, et si l'on veut lui donner un coup d'œil bleuâtre, que quelques personnes y recherchent, on met dans les cuves une très-petite quantité de charbon de saule, finement pulvérisé, qu'on agite en même tems que se fait le précipité.

Pour mieux imiter les pains de céruse hollandaise, on avait coutume d'empoter le blanc de plomb dans de petits vases coniques en terre cuite; mais cette opération nuisant à la santé des ouvriers, on y a renoncé, et le gouvernement vient même de la proscrire.

Les procédés que nous venons de décrire, doivent dorénavant l'emporter sur la fabrication de la céruse par voie d'oxidation des lames de plomb par le vinaigre; travail long, plus coûteux et bien autrement dangereux pour les ouvriers.

Les céruses étrangères sont loin d'être un sous-carbonate de plomb pur, ou simplement mélangé de sous-acétate, comme celui qu'on obtient par notre procédé; et si l'on veut rendre nos céruses absolument semblables à celles de Hollande ou autres étrangères, il faudra faire les mêmes mélanges que pratiquent les étrangers, et qui, d'ailleurs, en augmentant la masse et le volume de la céruse, en diminuent d'autant le prix coûtant.

En Hollande, le mélange le plus ordinaire est celui de la craie blanche bien broyée et bien lavée, avec le carbonate de plomb. Ce mélange se fait en proportions variées, depuis un cinquième jusqu'à une moitié de craie.

En Allemagne, on emploie de préférence pour ce mélange, le sulfate de baryte, dans les mêmes proportions que les Hollandais emploient la craie.

La fabrication de la céruse étant l'objet d'une industrie considérable, et d'établissemens très-étendus dont les manipulations exigent beaucoup d'ordre, de méthode et des moyens économiques et abrégés très-variés, nous n'avons pu qu'effleurer ces descriptions, pour lesquelles nous renvoyons principalement aux nombreux mémoires publiés dans les annales de chimie, et dans celles des arts et manufactures. Nous nous bornons ici à ajouter que lorsque le prix de l'acide muriatique, comparé à celui de l'acide sulfurique, offre de l'avantage, on peut substituer le premier au dernier, pour le dégagement de l'acide carbonique de la craie, avec d'autant plus de raison que, dans ce cas, il devient presque inutile d'agiter le mélange à l'aide de mouveron. Nous devons aussi avertir qu'à cette partie du procédé, on a substitué dans certaines fabriques, la combustion du charbon, en se servant d'un appareil propre à recueillir l'acide carbonique qui en résulte. Dans de certaines localités, cette modification du procédé pourra offrir de l'économie.

Nous avons omis de dire qu'il faut mettre dans le matras, pour être sûr d'employer utilement tout l'acide, un grand excès de craie.

Nous avons aussi omis de recommander l'emploi de la meilleure qualité de litharge. Mais, quelque pureté dont elle soit douée, il restera toujours, comme nous l'avons dit plus haut, un résidu plus ou moins considérable, inattaquable par l'acide acétique. Ce résidu doit être fondu avec du charbon, pour en obtenir le plomb, qui offre d'autant plus de valeur que, dans ce cas surtout, il est constamment allié d'un peu d'argent.

Les blancs connus dans le commerce, sous les noms de *blanc de krems*, *blanc d'argent*, *blanc de perle*, ne sont que des carbonates de plomb finement broyés et bien lavés. Il est donc inutile de nous en occuper particulièrement, puisque le procédé que nous venons de donner, offre tous les moyens d'en obtenir de semblables.

Nous parlerons seulement d'un blanc connu chez les peintres à l'aquarelle, sous le nom de *blanc léger*. C'est un sulfate de plomb. La fabrication de ce produit, très-borné d'ailleurs dans son emploi, est extrêmement facile.

Dans une solution de nitrate de plomb, ou d'acétate (sel de saturne du commerce), versez une solution de sulfate de soude, jusqu'à ce qu'il ne se fasse plus de précipité. Décantez, lavez le précipité, et faites sécher au soleil.

Chlorure d'or.

Nous parlons de cette préparation

parce qu'elle sert à donner aux poteries ce qu'on appelle la *couleur cantharides*.

Prenez de l'or en rubans que vous ferez dissoudre dans de l'eau régale. La dissolution étant achevée, on la fait évaporer à une très-douce chaleur, et en l'agitant continuellement. D'abord tout l'excès d'acide se dégagera ; on continuera l'évaporation presque jusqu'à siccité, et la matière sera prête à être appliquée sur les poteries, en mélange avec de l'essence de térébenthine.

CHLORURE DE PLATINE.

Cette substance se prépare absolument comme le chlorure d'or ci-dessus, et s'emploie de la même manière pour donner une fort belle couleur, et qui lui est toute particulière, aux poteries vernissées.

CHROMATE DE PLOMB. — *Jaune de chrome; plomb rouge de Sibérie.*

Couleur superbe, employée en peinture. On le prépare artificiellement aujourd'hui, en grande quantité, au moyen de la double décomposition du chromate de potasse que nous décrivons ailleurs, par un sel de plomb. On fait ordinairement usage pour cela de l'acétate ou du nitrate de plomb.

Il faut étendre beaucoup les solutions des deux sels avant de les employer, afin que le précipité qui se formera soit très-divisé et facile à laver. On peut varier beaucoup les nuances du chromate de plomb, depuis l'aurore foncé jusqu'au jonquille. Toutes ces variations dans les nuances, sont causées par la température à laquelle on opère sur les solutions, ou bien encore par l'excès d'acide plus ou moins grand, ou d'alcali dans le chromate de potasse employé. Il sera donc nécessaire de faire quelque tâtonnement pour obtenir les nuances désirées.

Il faut, quelle que soit la nuance, que le précipité soit lavé avec beaucoup de soin.

Cinabre. — *Vermillon sulfure rouge de mercure.*

Il se fait une immense consommation de cinabre pour la peinture, pour la coloration des cires à cacheter, etc.

Il a été considérablement écrit sur

la fabrication du cinabre, dont les Hollandais ont été pendant long-tems exclusivement en possession. Nous ne pouvons donner ni tous les procédés qui ont été indiqués, ni toutes les dissertations auxquelles cette fabrication a donné lieu. Nous rapporterons seulement les travaux dont le succès paraît le plus avéré.

Il existe un cinabre natif, rarement assez pur pour l'emploi en peinture : ce n'est pas celui-là dont il sera ici question.

Le cinabre artificiel s'obtient par voie de sublimation : voilà pourquoi il se présente sous forme de masses plus ou moins épaisses, concaves d'un côté, convexes de l'autre, et pourquoi il a l'aspect aiguillé dans sa cassure. Avant d'être pulvérisé, sa nuance est le rouge brun, mais il devient très-vif et très-éclatant, lorsqu'il cesse d'être en masse.

Le cinabre broyé sous l'eau et réduit en poudre impalpable, est connu dans le commerce sous le nom de *vermillon*. Nous nous dispenserons, comme hors de notre sujet, de parler des nombreuses sophistications qu'on lui fait éprou ver au moyen du minium, de la brique, du colcothar, etc.

Parmi les nombreuses descriptions qui ont été données des manufactures de cinabre en Hollande, ce qui semble de meilleur est ce qu'en a dit le pharmacien Tuckert, qui a été à portée de les examiner avec le plus grand détail. Nous rapporterons donc les principales données du mémoire qu'il a publié sur cet intéressant sujet. Un Français instruit, M. Payssé, qui a aussi visité les fabriques hollandaises, a confirmé pleinement l'exactitude des assertions de M. Tuckert. Voici ce qu'a dit celui-ci :

« On prépare d'abord l'éthiops (sulfure noir de mercure) en mêlant ensemble 150 livres de soufre et 1,080 livres de mercure bien pur, et exposant ensuite ce mélange à un feu modéré, dans une chaudière de fer, plate et polie, d'un pied de profondeur sur deux pieds et demi de diamètre. Jamais ce mélange ne s'enflamme, à moins que l'ouvrier n'ait point encore acquis l'habitude du travail nécessaire.

» On broye ce sulfure noir ainsi préparé, afin d'en remplir facilement de petits flacons de terre de la contenance de 24 onces d'eau ou environ, et l'on remplit d'avance trente ou quarante de ces flacons, pour s'en servir au besoin.

» Après cette préparation, on a trois grands pots ou vaisseaux sublimatoires, faits d'argile et de sable très-pur; ces vases sont enduits d'avance d'une couche de lut, afin qu'elle ait acquis la plus grande sécheresse lorsqu'on veut les employer. On pose ces pots sur trois fourneaux garnis de cercles de fer, et adossés contre une voûte élevée et capable de résister au feu. Les vaisseaux sublimatoires peuvent être de diverses grandeurs; les fourneaux sont construits de manière que la flamme circule librement autour, et qu'elle environne les vaisseaux aux deux tiers de leur hauteur.

» Lorsque les vaisseaux sublimatoires sont posés sur leurs fourneaux, on y allume le soir un feu modéré, que l'on augmente jusqu'à faire rougir les vaisseaux. On se sert à Amsterdam, de tourbe pour ce travail. Lorsque les vaisseaux sont rouges, on verse dans le premier, un flacon de sulfate noir de mercure, ensuite dans le second, puis dans le troisième : on peut dans la suite en verser deux, trois, et peut-être davantage à la fois ; cela dépend de la plus ou moins forte inflammation du sulfure de mercure. Après son introduction dans les pots, la flamme s'en élève quelquefois à quatre et même six pieds de hauteur ; lorsqu'elle est un peu diminuée, on recouvre les vaisseaux avec une plaque de fer d'un pied carré et d'un pouce et demi d'épaisseur, qui s'y applique parfaitement. On introduit ainsi, en trente-quatre heures, dans les trois pots, toute la matière préparée ; ce qui fait pour chaque pot, 360 livres de mercure, et 50 livres de soufre, en tout 410 livres. Toute la matière une fois introduite, on continue le feu dans un juste degré, et on le laisse éteindre lorsque tout est sublimé ; ce qui exige trente-six heures de travail. On reconnaît si le feu est trop fort ou trop faible, par la flamme qui s'élève lorsqu'on ôte le couvercle de fer. Dans le premier cas, la flamme surpasse le vaisseau de quelques pieds ; dans l'autre, elle ne paraît pas, ou ne fait que toucher faiblement l'ouverture des pots. Le degré de feu est bon si, en enlevant le couvercle, on voit paraître vivement la flamme sans qu'elle s'élance à plus de 3 ou 4 pouces au-dessus de l'ouverture.

» Dans les dernières trente-six heures, on remue tous les quarts-d'heure ou demi-heures, la masse, avec une tringle de fer, pour en accélérer la sublimation. Les ouvriers s'y prennent avec tant de hardiesse, que j'en fus étonné, et que je craignis chaque fois qu'ils n'enfonçassent les vaisseaux.

» Après que tout est refroidi, on retire les vaisseaux avec les cercles de fer, qui empêchent qu'ils ne crèvent, et on les casse. On trouve constamment dans chaque pot 400 livres de sulfure de mercure sublimé; ce qui fait 1,200 livres pour les trois, et, par conséquent, 10 livres seulement de perte pour chaque.

» Il ne s'attache point de sulfure de mercure sublimé aux plaques de fer, puisqu'on les ôte continuellement, excepté vers la fin de l'opération, où l'on ne touche plus aux vaisseaux. Ces plaques ne souffrent pas le moindre dommage. »

Il paraît évident, par cette série d'opérations, dont l'exactitude a été garantie par plusieurs visiteurs modernes des fabriques, et très-dignes de foi, que le tour de main attribué aux Hollandais, ne consiste que dans la division par petites parties du sulfure noir de mercure, et dans la précaution qu'ils ont de n'introduire le sulfure noir par projection dans les pots, que lorsque ceux-ci sont rouges de feu.

On a aussi proposé de fabriquer le cinabre par la voie humide; tel est le procédé indiqué par Kirchoff, le seul que nous rapportions ici. C'est un sujet digne d'attention. Si le succès répondait aux tentatives, ce serait un fort heureux résultat.

Le procédé de Kirchoff, consiste à triturer ensemble, dans une capsule de porcelaine, avec un piloir de verre, 300 parties de mercure et 68 de soufre, le tout humecté de quelques gouttes de dissolution de potasse; au bout d'un certain tems l'éthiops minéral ou sulfure noir de mercure est formé. On y ajoute alors 160 parties de potasse dissoute dans une égale quantité d'eau: on expose le vaisseau qui contient le mélange, à la flamme d'une bougie, et, en le chauffant ainsi, on continue de remuer sans interruption. A mesure que l'évaporation a lieu, on ajoute de tems en tems de l'eau pure, de manière que le sulfure reste toujours recouvert de quelques millimètres de liquide. Après deux heures de trituration bien soutenue, et ordinairement quand une grande partie de fluide est évaporée, la couleur noire du mélange commence à devenir brune, et elle passe alors très-rapidement au rouge. Il ne faut plus alors ajouter d'eau; mais la trituration doit être continuée sans interruption : lorsque la masse a acquis la consistance d'une gelée, la couleur rouge devient de plus en plus brillante, et cela avec un degré de vitesse remarquable. A l'instant où la couleur est la plus belle possible, il faut retirer la capsule de dessus la flamme, autrement le rouge passerait au brun.

CRAIE. — *Blanc de craie; carbonate de chaux friable.*

Les bancs de craie sont ordinairement très-considérables. Voici le procédé de division et de purification qui la rend propre à de certaines opérations de la peinture.

Concassez la craie et humectez-la d'abord avec une petite quantité d'eau, et ensuite, quand elle en aura été imbibée et ramollie, délayez-la à grande eau. Les parties hétérogènes les plus pesantes tomberont au fond du bassin ou des cuves employées dans cette opération. Décantez la bouillie claire.

Pour obtenir de la craie encore plus fine et plus belle, recommencez sur cette bouillie un nouveau délayage à plus grande eau et une nouvelle décantation. Il faudra ensuite laisser déposer, couler l'eau claire surnageante, et attendre que la craie se soit complétement tassée et ait pris de la consistance. Alors on la maniera et la moulera en petits cylindres courts, pesant environ une demi-livre étant secs. C'est là ce qu'on appelle *blanc d'Espagne* ou *blanc de Bougival*.

Garance. (laque de)

Convenablement combinée avec certains ingrédiens, la matière colorante de la garance fournit des couleurs riches, éclatantes et variées. Les laques qu'on en obtient sont très-durables et très-belles.

Le choix de la garance influe beaucoup sur la qualité de ces laques. Pour ces usages délicats, il sera toujours plus sûr de n'employer que la vraie garance du Levant, connue sous le nom *d'ali-zari* de Smyrne, dont à la vérité le prix est toujours plus élevé que celui de la garance de France, dans le rapport environ de 180 fr. à 120 fr.

Sous le nom d'ali-zari, les racines de la garance sont toujours entières. On la réduit en poudre à l'aide de moulins. Depuis long-tems les Hollandais s'occupent de ce genre de travail. On connait aussi les poudres de garance d'Alsace et d'Avignon.

Quand la bonne garance de Hollande est cotée dans le commerce à 240, celle d'Alsace ne vaut guère que 150, et celle d'Avignon 125.

La garance d'Alsace tire sur le jaune, son odeur est toute particulière, et elle est très-hygrométrique, difficile à conserver, d'une saveur sucrée, avec un arrière-goût d'amertume.

Les garances d'Avignon sont ordinairement d'une couleur plus foncée. Pour les laques, il faudrait préférer la garance vraie de Hollande.

Procédé. Faites infuser la poudre de garance pendant vingt-quatre heures dans l'eau froide. L'eau de cette infusion peut être rejetée, elle ne contient rien, ou presque rien de la couleur rouge de la garance. Soumettez ensuite le marc à une forte décoction dans l'eau. Filtrez cette seconde liqueur, puis ajoutez-y une petite quantité d'acide sulfurique, assez seulement pour qu'il soit sensible au goût. Il se précipitera abondamment une matière orangée. Le liquide s'éclaircira complétement et n'offrira plus qu'une couleur fauve. Toute la matière colorante utile existe dans le précipité orangé. Recueillez ce précipité sur un filtre et lavez-le dans quelques gouttes d'eau acidulée par l'acide sulfurique. Après l'avoir laissé complétement égoutter, traitez-le par de l'alcool à 40°, qui le dissoudra presque en entier. Cette teinture sera d'un jaune orangé foncé. Ajoutez dans cette nouvelle solution alcoolique, assez de carbonate de potasse saturé (bi-carbonate) en poudre sec et très-fin, pour neutraliser tout l'acide. La liqueur deviendra alors du plus beau rouge et très-foncée en couleur. Abandonnez-la à une évaporation spontanée. Il se formera à la surface du liquide et contre les parois de la capsule, de petites couches cristallisées, et toute la liqueur évaporée, vous aurez une masse confuse de cristaux.

Ces cristaux, macérés à chaud avec de l'alun, et précipités par le sel de soude, vous fourniront une belle laque rouge.

Voici un autre procédé qui fournit aussi de belles laques :

D'abord on fait éprouver à la garance en poudre de très-nombreux lavages à l'eau froide pure, ou très-légèrement alcalisée par le sous-carbonate de soude, pour lui enlever toute la couleur fauve. A mesure que la garance se dépouille de celle-ci, elle prend une teinte violâtre. On fait alors macérer à 50 degrés avec l'alun dans 5 à 6 parties d'eau, on filtre et on précipite par le sel de soude, pour obtenir la laque.

Dans un beau travail sur la garance, publié par l'habile chimiste M. Robiquet, il a fait connaître un nouveau procédé qui lui a parfaitement réussi pour obtenir isolée la matière colorante rouge de la garance, avec laquelle il a ensuite préparé une laque superfine. Ce moyen consiste à traiter la poudre de garance par l'acide sulfurique concentré. Jusqu'à une certaine température, cet acide n'attaque pas la matière colorante rouge, et brûle tous les autres ingrédiens de la garance. Il en résulte une masse charbonnée qu'on débarrasse de tout l'acide par des lavages réitérés. Ce résidu noirâtre contient la matière colorante disséminée dans le charbon. On l'en extrait facilement par la macération à chaud avec l'alun dissous dans l'eau, et d'où l'on précipite ensuite la laque au moyen du sel de soude.

Voici comment s'exprime M. Robiquet sur le mode d'opérer :

« Ce procédé exige plus d'habitude et de soin que les autres, parce qu'il y a une juste proportion d'acide qu'il faut nécessairement atteindre pour bien réussir, et qu'on ne saurait pour ainsi dire prescrire d'avance. On conçoit en effet qu'elle doit nécessairement varier suivant les qualités de la garance, suivant la masse sur laquelle on agit, et suivant aussi le tems employé à faire le mélange; car le succès de l'opération repose entièrement sur le mode de réaction de l'acide, qui doit atteindre et ne pas dépasser certaines limites. Or, cette réaction dépend en grande partie de la chaleur qui se dégage pendant le mélange; mais cette chaleur varie singulièrement selon les masses et suivant la quantité qu'on en ajoute dans un tems donné. Ordinairement, en agissant sur 2 à 3 kilogrammes de garance, nous mettons trois quarts de partie d'acide concentré, et nous faisons le mélange de manière que toutes les parties se trouvent uniformément imprégnées. Si l'on s'aperçoit que la chaleur s'élève trop, il faut immédiatement transvaser le mélange dans une terrine froide, et l'étaler sur les bords. On reconnaît que l'opération a été bien conduite, lorsque les premières eaux de lavage passent presque incolores, ou à peine teintes d'une couleur légèrement paillée. Le résidu lavé et sec conserve une couleur noire assez prononcée; il pèse un peu moins de moitié du poids de la garance employée : si, au contraire, l'acide n'a pas eu toute l'action qu'il doit avoir, les eaux de lavage sont d'une couleur bistrée foncée; elles filtrent lentement, et le résidu est d'un brun rougeâtre.

» Pour la préparation de la laque, il y a moins d'inconvénient à brûler un peu trop la garance qu'à ne pas la brûler assez, parce que, dans ce dernier cas, elle retient encore beaucoup de matière huileuse qui communique une teinte fauve à la laque, et on a beaucoup de peine à l'enlever par les lavages, tandis que si l'action de l'acide a été poussée un peu trop loin, tout ce qui en peut résulter de fâcheux, c'est la perte d'une partie de la substance colorante; mais alors, en traitant par l'alun, on obtient une teinture moins riche, à la vérité, mais bien plus franche de ton. M. Merrimée, l'un de nos meilleurs juges en cette matière, a bien voulu répéter ce procédé, et il s'est assuré que la laque qu'on obtient ainsi est d'un rose plus pur.

» Voici les doses qui m'ont le mieux réussi.

1 kilogramme *charbon sulfurique*. (C'est ainsi que M. Robiquet appelle le

résidu de la garance traité comme il a été dit ci-dessus par l'acide sulfurique.)

3 kilogrammes alun pur ; (2 kilogrammes seulement si la garance a été trop brûlée.)

25 kilogrammes d'eau.

« On fait bouillir le tout pendant une demi-heure de pleine ébullition, on filtre bien bouillant, puis on ajoute la solution chaude et filtrée de 1 kilogramme 500 de borax dissous (moitié de l'alun employé,) dans 4 kilogrammes d'eau bouillante.

» On brasse le tout, et si la solution alunée, est suffisamment chargée de matière colorante, il se dépose immédiatement un précipité, bien que la liqueur rougisse encore le tournesol ; on laisse en repos un tems suffisant, puis on tire à clair ; on lave avec de l'eau de rivière filtrée, et l'on continue les lavages jusqu'à ce que l'eau n'entraîne plus aucune partie colorante ou saline. Arrivé à ce terme, on donne un dernier lavage à l'eau bouillante, puis on jette sur une toile, et l'on trochisque. »

INDIGO.

Le plus bel indigo du commerce ne

contient que bien rarement au delà de 50 pour 100 de véritable matière colorante bleue. Le reste est composé de matière mucilagineuse soluble dans l'eau, de résine soluble dans l'alcool, de substances terreuses, et d'oxide de fer.

Pour purifier l'indigo, lui donner de l'éclat et de l'inaltérabilité en peinture, il convient de le débarrasser de toutes ces matières étrangères.

Pulvérisez finement l'indigo; faites-le bouillir d'abord dans cinq fois son poids d'eau pure; décantez, laissez sécher le résidu, et traitez-le par le triple de son poids d'alcool. Filtrez ou décantez exactement, et versez sur le résidu, sans qu'il soit besoin de le déssécher préalablement, de l'acide muriatique, qui lui enlèvera le fer et les matières terreuses. Décantez, lavez à plusieurs eaux, faites sécher à une très-douce chaleur. Vous obtiendrez ainsi l'indigo presque à l'état de pureté parfaite pour les peintures fines. Il est possible de retirer l'alcool employé, en distillant la teinture obtenue dans la seconde opération.

Il y aurait encore un autre moyen de se procurer de l'indigo d'une assez grande pureté, peut-être à moindres frais qu'en le traitant par l'alcool. Le procédé consisterait à désoxider l'indigo par le protosulfate de fer, comme font les teinturiers, à le dissoudre ensuite par un alcali, à filtrer la solution, et à exposer celle-ci à l'air en l'agitant : bientôt l'indigo reprenant de l'oxigène, deviendrait insoluble, et se précipiterait à l'état de poudre bleue très-fine. On décanterait, on laverait le précipité, et on ferait sécher.

IVOIRE (noir d').

Calcinez au rouge, en vaisseaux clos, les râpures et rognures d'ivoire qui se trouvent assez abondamment chez les tabletiers. Broyez à l'eau le beau charbon qui résultera de cette calcination. Tous les os compactes, et notamment les os longs des pieds de moutons, peuvent être substitués à l'ivoire dans la fabrication de ce noir, mais il s'en faut bien que le produit soit égal en beauté, en finesse, en velouté.

JAUNES, *tirés du fer.*

L'ocre jaune ou ocre de rut, qui est, comme nous l'avons dit en parlant de la fabrication de l'ocre rouge, un mélange de tritoxide de fer hydraté et d'argile, se trouve naturellement et abondamment dans beaucoup de localités, et elle n'exige d'autre préparation que celle que nous avons déjà décrite.

La terre de Sienne n'est qu'une variété de la même substance.

Pour obtenir les jaunes de fer à un état de plus grande pureté, et d'un grain plus fin, les fabricans de couleurs les préparent artificiellement. Ils précipitent par le sel de soude, soit le sulfate de fer pur, ou, pour avoir une autre nuance, le mélange de sulfate de fer et d'alun. D'abord le précipité est blanc-verdâtre, mais en l'agitant à l'air, après avoir décanté l'eau surnageante, il ne tarde pas à passer à l'état de tritoxide de fer hydraté, d'un beau jaune. Cette couleur, mélangée en différentes proportions avec l'oxide blanc de plomb, qui en affaiblit la teinte, procure aux fabricans cette longue suite de jaunes dits de mars, qui remplissent leurs catalogues.

JAUNE MINÉRAL.

Ce jaune a beaucoup de rapport avec

le jaune de Naples, dont le plomb fait également partie, mais il a plus de douceur et d'éclat, avec une teinte moins foncée. On l'emploie principalement à l'huile pour la peinture des équipages, et à la colle pour celle des papiers peints.

Prenez belle litharge bien exempte de cuivre, deux à trois parties, et une partie de sel ammoniac. Triturez d'abord ces substances ensemble sur une plaque de verre dépoli, avec un peu d'eau; faites ensuite une espèce de gâteau de la masse, que vous placerez dans un vase de terre non vernissé. Mettez ce vase dans un fourneau de réverbère, et ne faites, en commençant le chauffage, qu'un feu très-modéré, seulement suffisant pour chasser l'ammoniac, à mesure que l'acide muriatique s'unit au plomb. Augmentez ensuite le feu jusqu'au rouge obscur.

A l'emploi du sel ammoniac, on pourait substituer celui du sel commun: qui, avec la litharge, se décompose par l'effet d'une longue trituration. Dans ce cas il faut laver exactement la masse avant de la chauffer, afin d'en enlever la soude restée libre.

Jaune de Naples.

Cette couleur, en général, a de la fraîcheur, de l'éclat et elle est au nombre de celles que les peintres appellent les couleurs riches; mais les sortes que l'on trouve dans le commerce, varient beaucoup entr'elles pour la nuance et l'intensité du jaune. Cela tient sans doute à l'incertitude qui règne encore sur le véritable effet des ingrédiens qui entrent dans la fabrication du jaune de Naples, et à la multiplicité des recettes que l'on a données pour obtenir ce produit. Parmi ces recettes, il en est où évidemment quelques-unes des substances que l'on prescrit d'employer doivent nuire à l'effet que l'on en attend; tel est, par exemple, le tartre; d'autres substances sembleraient seulement devoir rester inertes dans la composition.

Quoi qu'il en soit, pour mettre à portée ceux qui voudraient tenter la série entière des compositions indiquées par divers auteurs, nous les rapporterons toutes ici :

Recette de Fougeroux.

Faites bouillir pendant sept à huit

heures, d'abord sur un feu doux, et ensuite sur un feu plus ardent, un mélange de 12 parties en poids de plomb, une d'alun, une de muriate d'ammoniaque, et 3 d'antimoine diaphorétique.

Diverses Recettes de Passeri.

1°. 1 livre d'antimoine calciné, 1 livre 8 onces de plomb calciné, 1 once de sel marin, 1 once d'*allume di feccia*, où les uns voient le *tartre* et d'autres *l'alun*.

2°. Six livres de plomb, 4 livres d'antimoine et une livre de tartre.

3°. Trois livres de plomb, 4 livres d'antimoine, une livre de tartre, 6 onces de sel commun.

4°. Cinq livres de plomb, 4 livres d'antimoine, 6 onces de tartre.

5°. Quatre livres de plomb, 2 livres d'antimoine, 6 onces de tartre.

6°. Une demi-livre de plomb, 1 livre d'antimoine, une livre de tartre et une livre de sel commun.

7°. Trois livres et demie de plomb, 2

livres d'antimoine et une livre de tartre.

Faire calciner les métaux avant de les mélanger.

Procédé du prince de San-Severo.

Plomb parfaitement oxidé et tamisé, 3 parties, antimoine oxidé et tamisé, 1 partie.

Faites un mélange très-exact du tout, en le passant ensemble au tamis de soie. Placez ensuite la poudre jusqu'à l'épaisseur de 2 pouces sur de grands plats de terre vernissée que vous exposerez dans le haut d'un four de potier, afin qu'ils n'éprouvent pas une trop grande chaleur.

Quelques personnes font entrer le zinc, et d'autres le bismuth dans la composition du jaune de Naples.

Plusieurs fabricans s'occupent avec succès de ce produit en France et en Angleterre. Voici deux recettes que l'on vante.

1re. Prenez 12 onces d'oxide d'antimoine, 8 onces de minium, 4 onces d'oxide de zinc; le tout finement pulvérisé et passé ensemble au tamis de soie.

Exposez à la chaleur du four de faïencier.

2e. Un gros d'antimoine diaphorétique, une once de muriate d'ammoniaque, une livre d'oxide de plomb pur, minium ou litharge.

On mélange le tout exactement et l'on fait fondre dans un bon creuset, capable de résister à l'action très-corrosive de ce mélange.

Les fabricans en grand ont pour cette préparation, des fourneaux à grille dont la voûte laisse une ouverture assez grande pour pouvoir commodément placer et retirer les creusets. Cette opération se fait assez rapidement, et comme il faut retirer les creusets aussitôt la fusion opérée, crainte d'accident, le travail exige de l'attention, et il ne faut opérer à la fois que sur un nombre de creusets assez borné.

Quand la matière est en fusion au rouge-blanc, il ne faut la laisser tout au plus que cinq minutes dans cet état. On enlève le creuset et on verse la matière dans un pot de fer.

Il est essentiel de n'employer dans cette opération que du charbon bien sec, qui ne pétille pas du tout en brûlant, afin d'éviter les étincelles qui réduisent les métaux et salissent le produit.

Ce qui porte, dans le commerce, le nom de *jaune d'antimoine*, est un produit très-analogue au jaune de Naples dont nous venons de parler, et qui n'en diffère même presque pas.

Prenez : antimoine diaphorétique, une partie; sous-carbonate de plomb, une partie et demie; sel ammoniac, une partie.

Mélangez à sec en broyant le plus exactement possible. Placez dans un vase de terre, et chauffez modérément dans un fourneau de laboratoire.

LAQUES.

A l'article *garance*, nous nous sommes déjà longuement étendu sur les moyens d'en obtenir une belle laque très-vive et très-durable; mais la garance n'est pas la seule substance qui en fournisse. Celle de cochenille, moins solide à la vérité, jouit aussi d'une grande beauté; elle est connue sous le nom de *laque carminée;* et il y en a une autre d'une bien moindre valeur tirée du bois de Brésil, dont il se fait une très-grande consommation pour divers arts.

C'est ordinairement avec les résidus de la fabrication du carmin que se prépare la *laque carminée*. Lors de la précipitation du carmin, toute la matière colorante de la solution n'est pas entraînée; il en reste d'ailleurs encore une certaine quantité dans le marc de la cochenille, qui n'a pu être totalement épuisé. Pour y parvenir, on ajoute à l'eau-mère du carmin le résidu de la cochenille, et l'on soumet à une nouvelle ébullition. La décoction étant achevée, il faut ajouter, pour le résidu d'une livre de cochenille primitivement employée pour la fabrication du carmin, une solution de deux livres d'alun et quelques gouttes de muriate d'étain. On filtre à la chausse, et on verse peu à peu dans cette solution filtrée une autre solution de sous-carbonate de soude (sel de soude ordinaire). Moins on emploie de ce dernier sel, moins on précipite d'alumine de l'alun, et, par conséquent, plus le produit est riche en matière colorante et la couleur de la laque intense. Il faut agiter vivement, à mesure qu'on verse la solution de sel de soude. Laissez déposer; décantez, lavez, et faites sécher à l'ombre.

On peut même se passer d'employer le sel de soude; il n'y a qu'à laisser long-tems en repos la solution d'alun cochenillée. Au bout d'un certain tems, l'alun se décompose en partie, et il se dépose une très-petite portion d'alumine qui entraîne avec elle la matière colorante, sous forme d'une laque très-riche, mais en quantité beaucoup moindre que dans le cas d'emploi du sel de soude.

Il y a, pour les laques carminées, un procédé plus lent et plus compliqué, mais dont les produits sont incomparablement plus beaux que ceux qu'on obtient par la méthode que nous venons de décrire. Pour cela, il faut laisser putréfier l'eau-mère de la fabrication du carmin. Il suffit ordinairement, pour obtenir cet effet, de l'abandonner pendant un mois environ à une température de 25° à 30°. Cette liqueur devient visqueuse, et affecte la couleur d'écarlate : alors on la filtre. D'un autre côté, on a préparé de l'alumine en gelée par le procédé que nous avons indiqué pour le bleu de cobalt, ou bleu Thénard. On incorpore exactement cette alumine gélatineuse avec la solution écarlate. Il en résulte, par l'effet de l'affinité de la matière colorante avec l'alumine, une combinaison intime de la plus belle nuance. Quand la combinaison est achevée, on délaie dans une assez grande quantité d'eau, on laisse déposer, on décante, on lave, et on fait sécher à l'ombre.

Toutes les matières colorantes végétales et animales, et une grande partie de celles tirées des minéraux, peuvent se traiter par l'intermède de l'alumine, soit d'une manière, soit de l'autre de celles que nous venons de décrire, et l'on en obtiendra également des laques plus ou moins belles et plus ou moins durables, suivant la nature des principes colorans.

Dans le règne végétal, le bois de Fernambouc donne une laque qui n'est pas dénuée d'une certaine beauté, mais qui malheureusement éprouve un assez prompt changement à l'air.

Le brésillet jaune, le morus tinctori, le quercitron, la gaude, la graine d'Avignon, et, en un mot, toutes les substances colorantes jaunes, donnent des laques assez solides.

Du bois de Campêche, on obtient une laque violette, dont la couleur s'avive considérablement en ajoutant du sulfate de cuivre dans le bain : celle-ci est peu durable.

Nous ne pousserons pas plus loin cette nomenclature ; mais nous ferons observer, comme un point essentiel, que lorsqu'on se sert d'alumine en gelée, il faut que le lavage en soit bien complet ; car ce qui pourrait y rester d'alcali altérerait infailliblement la nuance des laques, principalement les couleurs rouges, qu'il virerait au violet. Il faut aussi avoir attention à ne pas employer d'alcali caustique pour précipiter l'alun, mais du sel de soude, ou sous-carbonate bien pur, et en grand excès.

Il est encore une autre classe de laques : nous voulons parler de celles que l'on obtient avec le muriate d'étain substitué à l'alun. En général, ces laques sont plus brillantes. C'est ainsi que pour la couleur rouge, on peut mettre à profit le bain de cochenille des maroquiniers, qui n'est pas encore totalement épuisé. En y ajoutant une nouvelle quantité de sel d'étain, on en précipite une belle laque, fort employée par les fabricans de papiers peints.

Nous terminerons cet article sur les laques, en rappelant à tous ceux qui voudront s'en occuper, des préceptes généraux applicables à presque tous les cas, et qui ont été tracés par un théoricien, non moins habile dans la pratique des arts chimiques. M. Robiquet recommande :

1°. De n'agir que sur des teintures ou solutions parfaitement clarifiées, soit par la filtration, soit par tout autre moyen ;

2°. De n'employer que de l'alumine bien lavée et provenant d'alun très-pur, parce que la plupart des couleurs changent de ton par les substances étrangères, et surtout par le fer que contient quelquefois ce sel. Il faut donc, pour les laques, donner la préférence aux aluns qui ne manifestent pas de bleu par le prussiate de potasse ;

3°. De laver, avec tout le soin possible et les précautions indiquées, la pâte colorée une fois qu'elle a été préparée, et souvent ne pas se contenter de lavages à froid. Il faut aussi employer à ces lavages de l'eau très-pure.

MINIUM. — *Mine orange ; plomb rouge.*

Le minium s'obtient par la calcination du plomb au degré convenable. Sa couleur est le rouge-orange éclatant, lorsqu'il est pur, quand on lui a d'ailleurs appliqué le degré de feu convenable, et qu'on a su maîtriser les diverses circonstances de l'opération. La moindre omission dans le procédé, ou le moindre écart, peut faire perdre au minium tout son éclat.

PROCÉDÉ ANGLAIS.

Du Fourneau pour la fabrication du minium.

C'est un fourneau à réverbère à deux chauffes, renfermées sous une seule et même voûte. Elles ne sont séparées de l'aire du fourneau, que par deux petits murets d'environ dix à douze pouces d'élévation, au-dessus du sol ; elles ont quinze pouces de large, et sont aussi longues que l'intérieur du four est profond ou large. Cette profondeur peut être de huit à neuf pieds. Chaque chauffe a une ouverture extérieure pour introduire le combustible, et retirer les cendres; mais ces ouvertures ne se ferment point et n'ont pas de portes, pas plus que l'embouchure du fourneau, à peu près dix-huit pouces de large sur quinze pouces de hauteur. Ces trois ouvertures qui sont sur la longueur du fourneau, se trouvent sous une grande cheminée commune, bâtie extérieurement. Enfin ce fourneau ressemble beaucoup à l'intérieur, à un four ordinaire de boulanger, mais pour lequel on a formé extérieurement deux chauffes, sans grilles ni cendriers. Si c'est avec du charbon de terre que l'on chauffe ce four, on le place de champ contre le petit mur, et toujours en morceaux assez gros pour qu'ils puissent le déborder. L'intérieur du four est pavé avec des briques qui se joignent le plus parfaitement possible, afin d'empêcher que le bain de plomb fondu ne passe par les interstices. En Angleterre, on emploie communément, pour une même opération, dix saumons de plomb du poids de cent-cinquante livres chacun, ces quinze quintaux de plomb se mêlent au fur et à mesure dans le fourneau : si l'on mettait le tout à la fois, cela gênerait beaucoup la marche du travail.

Première Opération.

Pour commencer d'opérer, on met intérieurement et devant l'embouchure du fourneau, le résidu grossier de la matière jaune qui est restée au fond de la bassine, pendant le lavage, et dont il sera parlé dans la suite : cette matière empêche le plomb de couler en dehors du fourneau. — Lorsque le plomb est en bain sur le sol, qui doit être parfaitement de niveau, on l'introduit dans l'intérieur, où il est chauffé par l'une et par l'autre chauffe, Il y a une chaîne pendue devant l'embouchure du fourneau, à l'extrémité de laquelle est un crochet pour appuyer le manche d'un gros rable en fer, qui sert à renouveler continuellement les surfaces du plomb fondu.

A mesure qu'il y a du plomb oxidé, l'ouvrier le retire de côté ; il laisse toujours en bain celui qui est liquide, qu'il ne cesse de remuer, jusqu'à ce que la totalité du métal soit réduite en poudre.

Il est bien rare qu'on emploie plus de quatre à cinq heures pour réduire en chaux les quinze quintaux; mais comme il se trouve toujours quelques morceaux de plomb qui ont échappé à l'oxidation, on a soin de les retirer quand on en aperçoit, et on les garde pour l'opération suivante. La chaleur du fourneau pendant tout le tems de la calcination, doit être le rouge-cerise très-foncé; car les deux ouvertures de chauffe et l'embouchure du fourneau, restent ouvertes pendant tout ce tems, afin qu'il s'introduise assez d'air pour l'oxidation du métal. La fumée et les gaz ressortent par l'embouchure du fourneau, et enfilent la cheminée extérieure.

Après l'oxidation du plomb en gris, il faut plus de quatre ou cinq heures pour réduire cet oxide gris en *massicot* ou poudre jaune. Cette seconde conversion emploie plus de vingt-quatre heures; mais dans cette période, il n'est pas utile de remuer très-souvent la matière, il s'agit seulemeut de l'empêcher de se grumeler ou de fondre. Quand tout est converti en massicot, il faut ôter la matière du fourneau, et la faire tomber sur un pavé uni et propre. On fait ensuite couler de l'eau froide dessus, afin de diviser l'oxide toujours un peu grumelé. Il faut ensuite imbiber complétement la matière pour la refroidir; étant froide, elle est d'un jaune sale.

Il s'agit maintenant de la mouliner. Le moulin dont on fait usage ressemble parfaitement à celui dont on fait usage, pour le broyage de la couverte pour faïence blanche. On met dans l'ouverture qui est pratiquée au milieu de la meule supérieure, de la matière jaune imbibée d'eau; on y verse aussi de l'eau. Lorsque la matière a été moulinée, on la fait couler dans une grande cuve placée au bas du moulin pour la recevoir; mais comme le broyage n'est pas égal, il devient nécessaire de lotionner. A cet effet on a placé un tonneau plein d'eau à côté de la cuve. On y prend de la matière telle qu'elle tombe au sortir du moulin, on en remplit à moitié un bassin de cuivre, qu'un ouvrier prend des deux mains, et la portant dans le tonneau plein d'eau, il l'agite de façon que la portion la plus finement broyée se mêle dans l'eau du tonneau, tandis que la matière la plus grossière et la plus pesante, reste dans le fond de la bassine. C'est avec cette matière grossière, qu'en commençant nous avons dit qu'on garnissait le devant de l'embouchure du fourneau, pour être de nouveau calcinée avec le plomb. On continue de procéder ainsi pour le broyage et le lavage, jusqu'à ce que toute la matière jaune ou massicot, provenue de la première calcination, soit entièrement passée. Lorsque le lavage est fini, on laisse précipiter au fond du tonneau, la matière tenue en suspension dans l'eau : on soutire l'eau, et on recueille le massicot.

Deuxième Opération.

Pour donner la belle couleur rouge du massicot, on l'introduit dans le milieu et sur l'aire du four; on en forme un seul tas, aplati sur la partie supérieure. Sur la surface de ce tas, on pratique des sillons : il ne faut le remuer que rarement, et seulement pour empêcher que la matière ne se grumèle. Il y a certaines fabriques où cette seconde opération, dure trente-six heures ; dans d'autres quarante-huit. C'est la longueur de cette dernière calcination, qui contribue à l'éclat de la couleur du minium. Pendant tout ce tems, on continue le feu dans l'une et l'autre chauffe, de manière à tenir le fourneau au rouge-cerise.

Comme il n'y a point de grilles à ces chauffes, on n'y agite point le charbon ; si c'est ce combustible que l'on emploie, il s'y débituminise seulement.

Quand la matière a aquis le degré de calcination qu'on désire, et qu'on la retire du fourneau encore chaude, elle a la couleur d'une ocre rouge très-foncée; mais en refroidissant, elle prend cette belle nuance que nous connaissons au minium. Au sortir du fourneau, le minium est mis dans de grandes sébiles en bois, où on le laisse refroidir. Avant de l'embariller, il faut le passer par un tamis de toile métallique très-fin ; mais afin de n'en rien perdre pendant la tamisation, l'opération se fait dans un tonneau garni de deux tringles de fer qui le traversent, le tamis pose dessus ces tringles ; mais on fixe à ce même tamis, une baguette de fer qui sort en dehors du tonneau. On met du minium dans le tamis, et on ferme le tonneau avec un couvercle qui joint bien exactement ; après quoi on agite le tamis par le moyen de la baguette de fer ; ce que l'on continue jusqu'à ce que l'on juge que tout a passé. On n'ouvre ensuite le tonneau qu'après le tems nécessaire pour que toute la poudre se soit déposée au fond, et contre les parois latérales.

Toute espèce de houille ne convient pas à cette fabrication, principalement pour la seconde opération qui donne la couleur rouge. Il faut un charbon qui jette beaucoup de flamme légère.

Procédé français, en employant le bois pour combustible.

Le fourneau est le même que pour le procédé anglais.

Première Opération.

On commence par allumer un bon feu. Après trois heures de chauffe, le four est ordinairement assez chaud pour pouvoir y fondre le plomb. On y introduit alors environ quatre quintaux de ce métal, lequel, après une heure d'exposition au feu, acquiert la couleur que les ouvriers appelent *gorge-pigeon*. Cette irisation vient de l'oxidation qui commence à la surface du plomb. On continue doucement le feu, et, à l'aide d'un rable, on renouvelle sans cesse les surfaces du métal, et on accumule au fond du four l'oxide gris, à mesure qu'il s'en forme.

Tout le plomb qu'on a mis au fourneau étant parfaitement oxidé, on en remet une nouvelle quantité, on entretient le feu et on agite le plomb comme précédemment. On répète les opérations, jusqu'à ce qu'on ait à peu près douze ou quinze quintaux de plomb réduits en chaux. On reconnaît que la calcination a été bien faite, au poids que doit avoir une mesure donnée de cet oxide.

Deuxième Opération

Lorsqu'on a obtenu à peu près quinze cents livres d'oxide, on le retire du four à l'aide d'une pelle en fer; on verse la matière dans des auges en pierre ou en plâtre, et on y verse de l'eau pour l'humecter, afin d'éviter la poussière de plomb, très-dangereuse pour les ouvriers; on la transporte au moulin pour y être broyée. On en met dans le moulin environ cinquante livres à la fois, et on verse de l'eau par dessus, jusqu'à six pouces de bord du moulin. Au moyen de trois chantepleures placées à trois hauteurs différentes, on soutire un oxide ayant trois degrés de finesse. Chaque sorte est reçue dans un baquet rempli d'eau, séparé et placé à côté du moulin; l'oxide provenant des deux plus fins soutirages, après s'être déposé au fond des baquets, en est retiré; on le met sur une aire proprement carrelée et pratiquée sur la voûte du four, où l'oxide sèche graduellement.

Quand le *massicot* est sec, on le mouline pour le rendre plus fin. Le *moulinet* est un moulin vertical qui ressemble parfaitement aux moulins à faïence; une des meules est immobile, pendant que l'autre tourne au moyen d'une manivelle. La roue immobile est garnie de rainures qui vont de la circonférence au centre, pour favoriser la chute du massicot broyé dans une caisse placée au bas pour le recevoir. Un homme peut en mouliner trois ou quatre quintaux dans une heure.

Troisième Opération.

Le massicot étant réduit à l'état de ténuité convenable, on procède à la *réverbération*. C'est lors de cette dernière opération que se développe la belle couleur rouge ; elle se pratique dans des espèces de vases en tôle, qui ont un pied de long sur sept pouces de large, et un pouce et demi de profondeur : ils sont renforcés par le bas avec deux tringles de fer de quatre lignes de large, sur deux lignes d'épaisseur.

Pour réverbérer avec plus d'économie de combustible, on procède à cette opération, immédiatement après que les travaux ordinaires de la journée sont terminés; on profite par ce moyen, de la chaleur dont le four est déjà pénétré. On élève la température jusqu'à faire blanchir la voûte du fourneau. Lorsque le four est à ce degré de chaleur, on emplit les bassins de tôle de *massicot mouliné*. On les place en quinconce dans le fourneau, de quatre en quatre;

sur quatre de ces bassins, on en met trois autres; sur ces trois, deux, et on termine la pile par un seul. Les choses ainsi disposées, on bouche toutes les ouvertures du four, la réverbération dure jusqu'au lendemain. On retire alors ce *minium*, qui est devenu d'un beau rouge, mais il n'a pas encore le degré de finesse qu'on exige dans le commerce, il faut le diviser davantage; cela s'exécute dans une barrique chargée de balles de plomb, à laquelle on imprime un mouvement de rotation au moyen d'une manivelle. Ce procédé qui a remplacé le tamisage, produit une plus grande division.

Mais c'est en vain qu'on exécuterait le procédé avec la plus scrupuleuse exactitude, si l'on employait du plomb impur pour cette fabrication; on n'obtiendrait que du minium d'une teinte plus ou moins verdâtre ou brune. Tous les métaux avec lesquels le plomb peut être allié, nuisent radicalement à la beauté du produit.

Noir de fumée.

La combustion de la plupart des substances végétales et animales, est susceptible de produire du noir de fumée, plus ou moins beau, plus ou moins léger. Mais en général on y emploie les résidus ligneux de la fonte des résines et les marcs des goudrons, dans les pays où les végétaux résineux sont exploités pour se procurer ces matières combustibles, dont il se fait une énorme consommation, principalement pour les usages de la marine.

D'abord on fait bouillir avec un peu d'eau le suc résineux extrait des pins et des sapins, et lorsqu'il est suffisamment ramolli, on le presse et on l'exprime encore chaud à travers un sac de toile claire. Tous les débris d'écorces, etc., restent dans le sac, encore fortement imprégnés de résine ; ce sont ces résidus que l'on fait brûler dans un four très-bas, à feu étouffé, en recevant la fumée qui s'exhale dans un long passage, communiquant avec une chambre carrée, au sommet de laquelle il se trouve une ouverture garnie d'un grand sac fait d'une étoffe de laine très-claire : la suie ou le noir de fumée, se condense et se dépose en partie dans la chambre carrée et en partie sur les mailles du sac, et tous les deux ou trois jours on l'enlève avec un balai, et en frappant légèrement sur le sac pour l'en détacher et dégorger les mailles, afin de livrer passage au courant d'air nécessaire pour le tirage de la cheminée.

Cette même opération se pratique aussi en Angleterre, et dans toutes les raffineries de térébenthine.

Le *noir léger* s'obtient en privant le noir de fumée ordinaire de la portion huileuse et résineuse qu'il contient toujours. Un excellent moyen pour l'en débarrasser, est de traiter le noir de fumée par l'esprit-de-vin, et l'on peut, après le lavage et avoir décanté l'espèce de teinture qui en provient, recueillir l'esprit-de-vin par la distillation, au moyen de quoi les frais de la purification se trouvent diminués de beaucoup. Mais néanmoins, comme cette manœuvre exige un appareil distillatoire, et que, d'ailleurs, on ne retrouve pas la totalité de l'alcool employé, on préfère, en général, dégraisser le noir de fumée par une lessive alcaline caustique, qui réduit à l'état de savon soluble, l'huile et la résine. L'opération est beaucoup plus prompte en faisant usage de la chaleur; mais dans ce cas il ne faut employer qu'une lessive à trois ou quatre degrés de Beaumé au plus, sans quoi l'alcali agirait sur le charbon du noir de fumée, et celui-ci prendrait une teinte roussâtre.

Après le traitement par l'alcali, on laisse déposer, on décante, on lave le résidu à plusieurs eaux, et on fait sécher.

Prussiate brun de cuivre.

Cette couleur est très-riche, très-belle et paraît être durable. Elle n'a encore été qu'essayée.

On peut également l'obtenir en versant du prussiate de potasse, soit dans le sulfate de cuivre (vitriol bleu), soit dans l'acétate, ou le nitrate ou le muriate de cuivre. Il paraît cependant que c'est avec le muriate de cuivre que l'on obtient le plus beau produit. Dans ce cas il sera mieux d'employer le prussiate de chaux que celui de potasse.

Faites dissoudre le muriate de cuivre dans environ dix fois son poids d'eau distillée ou de belle eau de rivière filtrée, et versez dessus la solution de prussiate de chaux jusqu'à ce qu'il ne se précipite plus rien. Recueillez le précipité; lavez exactement à l'eau froide, et faites sécher à l'ombre.

Rouges fournis par l'oxide de fer.

Ocre rouge. Il en est peu qui aient naturellement cette couleur. L'ocre jaune, telle qu'on en trouve en une multitude de lieux en France et dans presque tous les pays du monde, est un composé d'argile, c'est-à-dire d'alumine et de silice, uni à du peroxide de fer hydraté. C'est à l'eau en combinaison intime avec l'oxide de fer, qu'est due la couleur jaune. Aussi suffit-il de la plus légère torréfaction de cette substance, pour la faire passer à l'état d'ocre rouge.

Dans le ci-devant Berry, où les ocres sont très-abondantes, on se livre beaucoup à ce genre d'exploitation. Il en arrive en quantités considérables des ocres des deux couleurs, jaune et rouge.

L'ocre ne s'extrait pas du sein de la terre à l'état d'homogénéité dans lequel on la livre pour la peinture. Il faut la débarrasser d'une quantité plus ou moins grande de silice grossière, de débris de végétaux, quelquefois de fragmens coquilliers, etc., etc.

Le moyen le plus simple de la purifier est de l'écraser sur une aire pavée, à l'aide de battes en bois, et de jeter la matière, avec de l'eau dans un tonneau immobile dont le diamètre est d'environ deux pieds et demi, et la hauteur ou profondeur de 4 pieds. Il y a un arbre en fer placé verticalement dans son milieu, duquel il part, à différentes hauteurs, des branches de bois formant des rayons qui vont répondre tous à des points de la circonférence du tonneau; ces branches sont armées chacune de six couteaux, dont trois fixés de haut en bas, et trois de bas en haut : ainsi ils sont tous dans une position parallèle à l'axe. Ceux qui sont à l'extrémité des rayons ne laissent pas plus d'une ligne d'intervalle entre le couteau et les parties intérieures du tonneau. Cet axe est entouré par un bras de levier d'environ douze pieds de longueur, à l'extrémité duquel est attaché un cheval qui, en marchant dans le manége, fait agir tous les couteaux dont l'arbre est armé, et qui coupent ainsi en différens sens la matière mise dans le tonneau, et finissent par la réduire bientôt en bouillie très-déliée.

Dans cet état de division, on laisse ensuite écouler l'ocre dans un bassin carrelé où elle se dépose. On donne issue au liquide surnageant. On recueille l'ocre déposée, et on l'étend sur une aire pavée, où elle s'égoutte et sèche.

Dans cet état, c'est de l'ocre jaune. Pour la réduire à l'état d'ocre rouge, on l'étend sur la sole d'un fourneau de reverbère chauffé au bois, et dans lequel il suffit d'une très-légère calcination pour lui rendre la couleur rouge qui est propre au tritoxide de fer privé de l'eau de combinaison qui constitue l'hydrate.

Du Rouge de fer Artificiel.

Il s'en faut de beaucoup que l'ocre rouge obtenue de l'ocre jaune naturelle, par le procédé que nous venons d'indiquer, soit d'une aussi belle couleur que les rouges dits d'Angleterre, de Prusse, etc.

Ceux-ci sont ou le résidu d'autres opérations, ou des produits fabriqués exprès.

Il est un rouge résultat de la distillation du nitre par le sulfate de fer pour en obtenir l'eau-forte. Ce résidu pulvérisé et lavé à l'eau chaude, pour en extraire le sulfate de potasse formé, est d'une couleur très-intense, mais qui tire quelquefois un peu au violet, soit à cause de la violence de la chauffe qui a désoxidé en partie le fer, ou plutôt à raison du sel marin contenu dans le nitre impur soumis à la distillation, et qui a pour effet constant de violacer l'oxide de fer.

On peut encore se procurer un rouge assez beau en calcinant le sulfate de fer lentement et sans trop élever la température sur la fin de l'opération, ce qui pourrait désoxider le fer et violacer le produit. Il faut ensuite mouliner, laver et sécher la matière. C'est le procédé en usage pour obtenir le rouge à polir les glaces, etc.

Pour la peinture, le produit sera beaucoup plus beau, et d'un emploi plus facile, surtout en détrempe, si, au sulfate de fer, on mêle le quart de son poids d'alun. Les deux sels fondent d'abord dans leur eau de cristallisation, et c'est un moyen de les bien mélanger avant la calcination.

Ce procédé donne un rouge qui a beaucoup de ressemblance avec celui qu'on vend à Paris sous le nom de *rouge de mars*. On peut en varier les nuances à volonté, par des dosages d'alun différens et en poussant plus ou moins la calcination. Dans tous les cas il convient de bien laver.

Le même procédé donne ce que de certains fabricans de couleurs annoncent sous le nom d'*orangé de mars*.

On apporte d'Angleterre une espèce d'ocre rouge, qui sert à peindre les carreaux d'appartemens, les chariots, etc. et qui, mêlée avec le plâtre, donne les couleurs de briques. Nous venons de donner la manière de l'imiter par la calcination du sulfate de fer.

Le *rouge de Prusse*, les *rouges bruns* ou *bruns rouges*, ne sont également que des résidus de la calcination du sulfate de fer, plus ou moins prolongée et à des degrés de température variés. Le fabricant, en tâtonnant un peu pour obtenir cet effet, sera bientôt le maître de produire à volonté la nuance qu'il désirera.

STIL-DE-GRAIN.

C'est un nom commun donné aux craies colorées. Nous avons déjà eu occasion d'en citer plusieurs. Il peut y en avoir autant que de substances colorantes solubles, tirées des végétaux et des animaux. Pour exemple de ce genre de fabrication, nous allons donner la manière de préparer le stil de grain jaune avec la gaude.

Prenez deux kilogrammes de craie fine bien lavée; mettez-la dans une chaudière de cuivre, et ajoutez-y deux kilogrammes d'eau pure; faites bouillir en remuant continuellement avec une baguette de sapin, jusqu'à ce que la craie soit bien complétement délayée. Ajoutez alors pour chaque kilogramme de craie, dix-huit à vingt décagrammes d'alun pulvérisé; ne mettez l'alun que peu à peu en remuant à mesure. Il se produit une effervescence assez grande pour faire extravaser la liqueur, si on met trop d'alun à la fois. Lorsque tout l'alun aura été introduit et l'effervescence passée, éteignez le feu. Mettez dans un autre chaudière la gaude, les racines en haut ; versez dans cette chaudière assez d'eau pour couvrir toutes les parties de la plante où se trouvent les graines ; faites bouillir pendant un quart d'heure, et après avoir alors sorti les plantes de la chaudière, mettez-les, toujours la racine en haut, dans un tonneau défoncé, pour recueillir la liqueur qui en découlera ; réunissez cette liqueur à celle de la chaudière, et passez le tout par une flanelle.

Allumez du feu sous la chaudière où est la craie, et ajoutez la décoction de gaude, jusqu'à ce que vous ayez la teinte désirée. Lorsque vous en aurez versé suffisamment, faites bouillir quelques momens, et l'opération est alors terminée. On verse le contenu de la chaudière dans un tonneau ; le lendemain on décante le liquide, et l'on étend le dépôt sur des morceaux de craie, où il sèche très-promptement.

Evitez le contact du fer, qui gâterait la couleur.

Vert de cobalt.

C'est une couleur de nouvelle fabrication et dont le mérite consiste dans son inaltérabilité et dans la facilité avec laquelle elle se lie avec beaucoup d'autres couleurs.

Cette couleur résulte de la combinaison d'un sel de cobalt avec un peu de fer et d'alumine. On peut voir dans ce produit quelque chose de fort analogue au bleu Thénard mélangé d'un oxide de fer jaune, qui le fait passer au vert.

Vert de Scheele.

Cette belle couleur a été long-tems considérée comme un arsénite de cuivre; plus tard M. Thénard a annoncé que ce n'était que la combinaison du deutoxide d'arsenic et du deutoxide de cuivre : quoi qu'il en soit, voici le procédé de fabrication.

On met sur le feu, dans une chaudière de cuivre, un kilogramme de vitriol bleu (sulfate de cuivre) avec seize litres d'eau pure; la dissolution étant faite, on retire la chaudière du feu.

D'une autre part, on fait fondre séparément, à l'aide de la chaleur, deux livres de potasse blanche, sèche, et onze onces d'arsénic blanc pulvérisé, dans six litres d'eau pure; quand tout est dissous, on filtre la liqueur à travers du linge, et on la reçoit dans un autre vaisseau.

Sur la solution arsenicale, on verse la solution de vitriol de cuivre encore chaude; on observe d'en mettre peu à à la fois, et on remue continuellement avec une spatule de bois; le mélange étant fait, on le laisse reposer pendant quelques heures : alors la couleur verte se précipite ; on décante la liqueur claire, on jette sur le résidu quelques pintes d'eau chaude, et on remue bien; on décante de nouveau la liqueur claire. Quand la couleur s'est déposée, on lave une ou deux fois avec de l'eau chaude de la même manière; on verse enfin le tout sur une toile, et quand l'eau est passée et l'humidité évaporée, on met la couleur en trochisques sur le papier gris, et on la fait sécher à une douce chaleur. Les quantités indiquées doivent produire une livre six onces de belle couleur verte.

Pour que la teinte ne s'altère pas, il paraît qu'il faut recueillir d'abord sur une toile et la comprimer fortement. M. Thénard pense que la couleur serait plus belle, si les lavages ne se faisaient qu'à froid et qu'on fît prédominer la potasse.

Le procédé ci-dessus décrit a été modifié par des fabricans de Vienne, et on a donné à leurs produits les noms de *vert de Schweinfurt* et de *vert de Mitis.* Voici le procédé tel qu'il a été décrit par le docteur Liebig.

Sur une partie de vert-de-gris, dissous dans suffisante quantité de vinaigre pur, on verse une solution aqueuse d'une partie d'oxide arsenical blanc ou acide arsénieux. Le mélange produit un précipité vert sale, qu'on fait disparaître par l'addition de nouveau vinaigre. Portée à l'ébullition, la liqueur laisse déposer la couleur, au bout de quelque tems, sous forme de petits cristaux grenus d'un vert de la plus grande beauté : il faut les laver et les sécher.

La couleur ainsi préparée, est légèrement bleuâtre ; pour en changer la teinte et la rapprocher de celle que le commerce demande, il suffit de chauffer à un feu modéré dix livres de la couleur avec une livre de potasse de commerce en dissolution dans l'eau : bientôt on voit la masse prendre une nuance plus foncée et telle qu'on la désire.

La liqueur alcaline qui reste après ce traitement, peut encore servir pour préparer le vert de Scheele.

VIOLET, *tiré du fer.*

Nous avons déjà averti que les oxides rouges de fer étant ramenés à un état de moindre oxidation, peuvent donner plusieurs nuances de pourpre et de violet.

En exposant le peroxide rouge de fer bien lavé et bien pur, dans un fourneau à porcelaine, on le fait passer au violet. Les divers degrés de chaleur, et la durée plus ou moins grande de la chauffe, peuvent varier presqu'à l'infini ces résultats. Les fabricans de Paris les multiplient beaucoup, et ils établissent à un prix très-élévé ces divers produits.

On peut aussi changer considérablement la nuance de l'oxide de fer et le faire passer à une teinte vineuse, en y mêlant, pendant la calcination, une petite quantité de muriate de soude (sel marin commun). Dans ce cas il faut laver le produit.

COULEURS

VITRIFIABLES

POUR

PEINTURE SUR PORCELAINE,

FAIENCE, CRISTAUX, ETC.

Bismuth (blanc de) (*magistère de*).

Le bismuth est promptement attaqué et dissous par l'acide nitrique. En étendant la dissolution d'une grande quantité d'eau pure, il se fait un précipité abondant de sous-nitrate de bismuth.

Ce précipité, bien lavé, sert de fondant pour la dorure sur porcelaine; il entre aussi dans quelques couleurs au feu, où il produit des jaunes.

lt (oxide de).

Cet oxide, approchant de l'état de pureté, et par conséquent beaucoup plus convenable que le safre ordinaire pour ce qu'on appelle les bleus de grand feu sur porcelaine, poteries, émaux, etc., se prépare comme suit :

Prenez cobalt gris de Tunaberg en Suède, qu'on trouve en cristaux ressemblant à certaines pyrites martiales. Ces cristaux ont quelquefois l'éclat et la couleur de l'acier poli.

Triez le minerai pour en séparer la gangue ; pulvérisez, et mêlez avec deux ou trois fois son poids de cassons de porcelaine pulvérisés grossièrement, qui s'opposeront à la fusion du minerai. Grillez pour en chasser l'arsenic et le soufre. Ce grillage doit être fait dans un fourneau à réverbère qui se termine par une longue cheminée horizontale, et il doit durer plusieurs heures. On traite ensuite la masse, pulvérisée de nouveau, avec 3 ou 4 parties d'acide nitrique étendu de son poids d'eau : on décante la solution, et on la fait évaporer lentement ; presque tout ce qu'il reste d'arsenic se précipite à l'état d'oxide. Après que l'évaporation a réduit la liqueur presque en consistance sirupeuse, il faut de nouveau étendre d'une certaine quantité d'eau ; laissez déposer ensuite, et décantez. La liqueur claire contient encore plusieurs arséniates, qu'on parvient à séparer presque entièrement de celui de cobalt à l'aide d'une solution de carbonate de potasse ou de soude; mais il ne faut employer cette solution que petit à petit pour précipiter les autres métaux. Quand il ne reste plus dans la liqueur que l'arséniate de cobalt, elle a une belle teinte rose. A ce moment, on y verse en excès de la potasse caustique, et l'on fait bouillir pendant quelques minutes. L'arsenic qui peut rester encore se combine à l'alcali, et l'oxide de cobalt se précipite; on filtre; on lave à l'eau bouillante, et l'on fait sécher. C'est cet oxide, ainsi purifié, qui, mêlé avec le feldspath et la potasse, colore en si beau bleu les fonds de grand feu sur porcelaine dure.

Antimoine diaphorétique.

Pulvérisez à part de l'antimoine et du nitre pur; mélangez dans la proportion de 2 parties nitre et 1 partie d'antimoine. Faites chauffer au rouge un creuset de terre, et projetez dedans le mélange par petites parties : la déflagration sera très-vive. Quand la totalité de la matière aura ainsi éprouvé la déflagration, il faudra recouvrir le creuset et chauffer pendant quelque tems, pour achever la décomposition du nitre et l'oxidation de l'antimoine. Laissez refroidir, et délayez à l'eau froide, qui enlèvera l'alcali provenant du nitre ; il restera l'oxide d'antimoine en poudre. Décantez ; lavez à plusieurs reprises le résidu, et faites-le sécher.

Si l'antimoine employé a été exempt de fer, l'antimoine diaphorétique ainsi obtenu sera de la plus grande blancheur.

L'antimoine diaphorétique entre dans la composition du jaune de Naples, dont il sera parlé en son lieu, et dans celle des émaux. C'est à lui qu'on doit sur la porcelaine les beaux jaunes paille, etc.

Chrome (oxide de).

Cette magnifique couleur verte est principalement employée pour la peinture de la porcelaine et des poteries, et résiste parfaitement au plus grand feu.

Préparation. Prenez du chromate de fer, que l'on trouve aujourd'hui abondamment et à un prix assez bas chez tous les droguistes. Commencez par débarrasser le chromate de sa gangue, au moyen d'un épluchage très-exact. Cette gangue est ordinairement une serpentine peu différente en couleur du chromate de fer, mais qu'on peut cependant en distinguer par son tissu lamelleux et onctueux.

Réduisez en poudre fine le chromate épluché, et mélangez avec moitié de son poids de nitre pur, ou même avec les deux tiers de nitre, si le chromate a été bien choisi et bien épluché. Mais s'il reste encore mélangé de gangue, il y aurait beaucoup d'inconvénient à forcer ainsi le dosage du nitre : il serait trop long d'en expliquer la raison.

Le mélange étant exactement fait, mettez-le dans un creuset que vous garnirez de son couvercle. Soumettez le mélange à une chaleur rouge. La calcination étant achevée, on trouvera que la matière n'est pas fondue; on retire le creuset du feu, et on le brise; on en détache la matière, et on la jette toute chaude dans une bassine de fonte remplie d'eau. Cette matière est d'un jaune verdâtre, et elle est très-poreuse, qui s'imbibe très-facilement. Vous obtiendrez, par un premier bouillon, une liqueur extrêmement chargée. On passe cette lessive par un linge ; on fait bouillir de nouvelle eau sur le résidu ; il faut, au moyen de bouillages successifs, épuiser ce résidu de tout ce qu'il a de soluble. On réunit toutes les liqueurs ; on les filtre.

Cette liqueur, ainsi obtenue, sert à la préparation de plusieurs chromates dont nous allons parler.

Chromate de mercure, d'un beau rouge de cinnabre et pouvant servir en peinture, mais destiné principalement, comme intermédiaire, à se procurer l'oxide vert de chrome.

Pour obtenir le chromate de mercure, faites dissoudre du mercure pur dans de l'acide nitrique également pur. Il est bon que la dissolution conserve encore un léger excès d'acide. On a d'autre part une solution de chromate de potasse, dont on a indiqué plus haut la préparation. Il faut qu'elle marque de 6 à 8 degrés seulement à l'aréomètre de Beaumé. On verse peu à peu de cette solution dans le nitrate acide de mercure, et on agite pendant tout le tems avec un mouveron de verre. Il faut se garder d'ajouter assez de la liqueur de chromate de potasse pour précipiter tout le mercure.

Lorsque le précipité est bien déposé, on décante le liquide surnageant, on lave à plusieurs eaux et on fait sécher le chromate de mercure obtenu.

Ce chromate de mercure, exposé au contact de la chaleur, se décompose, et il en résulte du protoxide de chrome. Pour cela il faut introduire le chromate dans une petite cornue de grès que l'on remplit aux deux tiers ou au trois quarts; on la place dans un petit fourneau à réverbère; on adapte à son col une allonge à l'extrémité de laquelle on attache un nouet de linge que l'on fait plonger dans l'eau, pour favoriser la condensation du mercure qui doit se volatiliser; on porte peu à peu la cornue jusqu'au rouge: le chromate de mercure, dans ce cas, se transforme en oxigène, mercure et oxide de chrome. Le mercure passe à travers le nouet de linge et se condense entièrement; l'oxide de chrome reste dans la cornue. Après un fort coup de feu d'environ trois quarts d'heure, on peut regarder l'expérience comme terminée; on laisse refroidir le fourneau; on retire l'oxide de la cornue, et on le conserve dans des flacons.

On peut préparer différemment l'oxide de chrome. Voici une manière qui semble plus économique, et on assure même qu'elle donne un produit plus constant dans sa nuance. Elle est due à M. Lassaigne.

Faites chauffer jusqu'au rouge, dans un creuset de terre fermé, un mélange de chromate de potasse et de soufre à parties égales. Il se produit du sulfate et du sulfure de potassium, qu'on enlève en lessivant la masse verdâtre. L'oxide, après plusieurs lavages, peut être considéré comme pur.

JAUNE *tiré de l'antimoine.*

L'antimoine fournit un jaune intense, que l'on emploie plus rarement seul qu'on ne le combine avec d'autres jaunes pour en relever la nuance.

Nous avons donné à l'article *antimoine diaphorétique*, la composition de ce jaune. Il nous reste à parler de ses combinaisons avec d'autres matières colorantes.

Une partie de cet oxide d'antimoine, et une et même jusqu'à deux parties d'oxide rouge de plomb ou minium, donnent un beau jaune bien fixe au feu. Mélangez parfaitement ces deux oxides, et introduisez-les dans un creuset posé sur la grille d'un petit fourneau de laboratoire. Faites pendant environ une heure un feu léger. Retirez le creuset et cassez-le, vous trouverez un très-beau jaune.

En forçant la proportion d'oxide de plomb, on affaiblira de plus en plus la nuance, et on obtiendra ainsi une longue suite de jaunes divers qui iront en se dégradant continuellement.

Autre Jaune d'antimoine, très-beau.

Prenez une partie d'oxide blanc d'antimoine ou antimoine diaphorétique, une partie et demie de blanc de plomb pur, et une partie de sel ammoniac. Pulvérisez, mélangez, passez ensemble au tamis, et placez dans une capsule de terre au fourneau à calciner, chauffez assez pour chasser l'ammoniaque du sel ammoniac, et vous obtiendrez un beau jaune. Cette couleur se rapproche beaucoup du jaune de Naples.

Autre Jaune.

Deux parties d'oxide blanc d'étain, une partie de minium, une partie d'alun et trois parties d'oxide d'antimoine.

Autre Jaune.

Sulfure d'argent, antimoine diaphorétique, parties égales.

NOIR MÉTALLIQUE.

C'est la couleur la plus difficile à obtenir pour peinture au feu, parce que si l'on veut lui donner du luisant et de l'éclat, on ne peut y réussir qu'en forçant le dosage du fondant, et on tombe alors dans l'inconvénient d'avoir une teinte délayée, et qui manque d'intensité.

On emploie ordinairement pour le noir, la réunion des oxides de manganèse, de cuivre et de cobalt.

Nous n'avons encore rien dit de l'oxide noir de manganèse : il peut être bien d'indiquer comme on doit le choisir et le préparer pour l'emploi.

Prenez manganèse de Piémont, qui

se trouve dans le commerce à l'état de rognons noirs et ternes. Pulvérisez, calcinez légèrement pour diviser la matière et en chasser des substances volatiles qui la souillent. Alors elle aura acquis la propriété de tacher fortement les doigts, et sera devenue considérablement plus légère.

Prenez parties égales des trois oxides de manganèse, cobalt et cuivre, et ajoutez cinq de ces mêmes parties en fondant alcalin.

Comme l'oxide de manganèse n'est pas toujours identiquement le même, il pourra arriver que le noir ainsi formé tirera trop au bleu ou au vert : il faudra alors, dans le premier cas, diminuer le dosage de l'oxide de cobalt, et, dans le second cas, celui de l'oxide de cuivre.

On obtient le gris en supprimant l'oxide de cuivre et en forçant la dose du fondant.

Autre Noir.

Oxide de manganèse, quatre parties.
Battitures de fer, une partie.
Oxide gris de cuivre, une partie.

Minium, six parties.

Toutes ces substances, exactement mélangées et finement broyées, peuvent être employées sans fusion préliminaire.

Pour le grand feu de porcelaine, on peut obtenir un très-beau noir au moyen d'un simple mélange d'argile, avec environ un tiers de son poids d'oxide de fer.

POURPRE DE CASSIUS.

Prenez eau régale composée comme suit :

Acide nitrique du commerce, dite eau-forte, quatre parties; acide muriatique, une partie et demie : placez le mélange dans un matras sur un bain de sable.

Prenez or en ruban, le plus pur possible. Coupez-le par petits morceaux que vous roulerez en petits cornets, afin de multiplier leurs surfaces en contact avec le dissolvant. Placez ces cornets dans le matras ; ils s'y dissoudront peu à peu. La solution sera alors d'une belle couleur jaune d'or. Retirez le matras, laissez-le froidir sur une paillasse de laboratoire ; après le repos, décantez la solution.

D'autre part, faites dissoudre de pur étain de malacca dans une eau régale composée d'acide nitrique 6 ou 7 parties, acide muriatique une partie, et eau distillée 5 parties. La dissolution doit se faire à froid. L'étain se réduit en feuilles minces comme pour l'étamage des glaces. On dégraisse préalablement ces feuilles en les faisant bouillir dans une lessive alcaline caustique. Il faut mettre l'étain par petites parties dans la liqueur, et continuer ainsi jusqu'à saturation.

Avant de faire le mélange des deux liqueurs pour en précipiter le pourpre de cassius, il faut les étendre l'une et l'autre dans dix fois au moins leur poids d'eau de rivière filtrée. Le mélange des solutions ainsi étendues se fera *guttātìm*, et en même tems on agitera vivement la liqueur avec un mouveron de verre.

Il faut tâtonner l'opération ; c'est-à-dire qu'après avoir versé une certaine quantité de gouttes, il faut laisser éclaircir, et s'assurer si la liqueur claire précipite encore, soit par une des solutions ou par l'autre. On parviendra, de cette manière, à épuiser les solutions. On opère ordinairement, pour plus de commodité, dans un petit vase, et chaque fois on transvase dans une grande capsule de porcelaine ou de verre dans laquelle se fait la précipitation.

Dans cette grande capsule, on abandonne au repos les liqueurs réunies. Au bout de 24 heures, plus ou moins, on peut recueillir le précipité pourpre, qui est alors bien rassemblé, et le liquide surnageant, quand on a convenablement opéré, doit être parfaitement décoloré.

On décante, on lave le résidu à grande eau bien nette, et à plusieurs reprises, et on le fait sécher à l'ombre. Il faut le conserver dans un flacon bien bouché et couvert d'un papier noir.

Il est à observer que, dans le cours de la manipulation, si l'on fait prédominer la solution d'or sur celle d'étain, le précipité sera d'autant plus rosé, et qu'au contraire, si c'est la solution d'étain qui prédomine, le précipité tirera au violet.

Précipité Carmin.

Celui-ci n'est qu'une modification du pourpre de cassius.

Il faut d'abord opérer comme pour obtenir ce dernier, à l'égard des dissolutions d'étain et d'or; mais pour le mélange, on verse les gouttes de solution d'étain dans l'eau, et on y ajoute une quantité infiniment petite de nitrate d'argent, et on verse ensuite les gouttes de solution d'or. On agite fortement et long-tems; on laisse déposer, on décante, on lave, on sèche, comme il a été dit pour le pourpre.

Rouge, *tiré du cuivre.*

Les anciens tiraient du cuivre une belle couleur rouge pour la vitrification. Après eux on avait nié l'existence de ce résultat, parce qu'on en avait perdu le procédé, et l'on prétendait que l'oxide de cuivre ne pouvait donner que des verts. Mais dans ces derniers tems, on a positivement reconnu la possibilité d'obtenir un rouge de cuivre, et les progrès faits dans la connaissance des divers degrés d'oxidation du cuivre, ont expliqué le phénomène : ce n'est que le protoxide de ce métal qui soit susceptible de colorer en rouge : voici le procédé qui semble devoir être le meilleur pour obtenir ce résultat.

Faites bouillir parties égales de sulfate de cuivre (vitriol bleu) ou d'acétate de cuivre (cristaux de Vénus) et de sucre, dans 4 parties d'eau. Il se précipitera une poudre grenue d'un rouge brillant. Après environ deux heures d'une ébullition ménagée, laissez déposer, décantez, lavez et faites sécher.

Cette poudre grenue, mêlée avec une dose convenable de fondant, donnera un rouge de rubis, et l'on pourra obtenir par son moyen toutes les nuances, depuis celle-là jusqu'à l'orangé, en y ajoutant plus ou moins d'oxide de fer. Malheureusement ce rouge est très-fugace, à cause de la suroxidation à laquelle le cuivre est sujet.

Cette espèce de susceptibilité d'oxidation du cuivre, offre au surplus un moyen assez curieux de se procurer des effets très-singuliers et fort agréables dans la peinture au feu, et on en voit sur d'anciennes peintures sur verre, des exemples qu'on ne savait comment expliquer. En mêlant avec la couleur employée, des substances désoxidantes, telles que la suie, le tartre, le sucre, etc. et, en forçant la chaleur, on peut arriver jusqu'à la réduction complète d'une partie de cuivre, qui s'attache au reste en parcelles métalliques disséminées sur un fond rougeâtre, imitant parfaitement l'aventurine.

Rouges de mars, ou *tirés du fer.*

Prenez beau sulfate de fer du commerce, faites dissoudre et plongez dans la solution une lame de fer bien décapée, afin d'en précipiter le cuivre, si le sulfate en contenait. Filtrez la liqueur et mélangez avec une autre solution d'alun, dans la proportion de une demi-partie d'alun sur quatre de sulfate de fer. On évapore à siccité le mélange en agitant continuellement pour que les résidus soient bien confondus. Calcinez dans un têt à rôtir ces résidus, en renouvelant les surfaces, et jusqu'à ce qu'il ne se dégage plus aucune vapeur sulfureuse ou sulfurique. Pour s'assurer que la calcination est complète, il faut que la lessive d'une petite partie de cette matière ne trouble plus sensiblement le nitrate de baryte. Pendant la calcination il convient de ménager le feu, de manière que le fer ne se désoxide pas.

La masse obtenue doit être broyée à la molette et lavée à l'eau chaude à plusieurs reprises. Décantez, faites sécher et conservez pour l'emploi.

COULEUR DE CHAIR.

Le procédé est absolument le même que pour le rouge précédent; si ce n'est qu'on force de beaucoup la proportion d'alun dans le mélange avec le sulfate de fer. L'on peut de cette manière obtenir toutes les dégradations du rose.

ROUGE DE FER SANS ALUN.

Prenez limaille de fer la plus pure possible. Versez dessus discrétement de l'acide nitrique pur et parfaitement exempt d'acide muriatique. Faites légèrement chauffer dans une capsule de porcelaine. Il se dégagera abondamment de gaz nitreux et la totalité de la limaille de fer se trouvera convertie en oxide d'un beau rouge. Broyez, lavez, décantez, séchez à l'ombre.

Rouges tirés du fer, en mélange avec d'autres substances.

Rouge aurore.

Prenez ocre jaune (mélange naturel d'oxide hydraté de fer, d'alumine et de silice) une partie; verre d'antimoine, deux parties.

Tamisez l'ocre à travers un tamis de soie très-fin. Pilez le verre d'antimoine et le fondant ensemble. Repasse zle tout au même tamis. Fondez à un feu modére; *coulez à l'eau;* broyez, lavez, décantez, séchez.

Rouge cramoisi, *tiré du manganèse.*

Prenez, manganèse du Piémont, bien pulvérisé et tamisé, une partie; fondez avec 16 parties du fondant général. Au verre qui en résultera, ajoutez sulfure de cuivre, 4 parties; On fait fondre de nouveau, et on retire le creuset du feu aussitôt que la fusion est opérée.

Si l'on trouve la couleur trop transparente, on pourra la rendre un peu plus opaque à l'aide d'une légère addition d'émail blanc.

Cette espèce de rouge étant atténuée

par de l'émail blanc en plus grande quantité, se dégrade en une infinité de nuances roses plus agréables et d'un autre ton que celles obtenues par les oxides de fer.

VERT *tiré du cuivre.*

Le sous-carbonate de cuivre, dont nous avons indiqué le procédé de fabrication, peut très-bien servir pour obtenir une couleur verte, avec des fondans vitreux. Ce n'est pas cependant le procédé mis en usage ordinairement par les peintres sur porcelaine et sur faïence : voici celui qu'ils emploient.

Prenez cuivre rosette très-fin; réduisez en lames très-minces, roulez en cornets, comme nous avons dit de l'or pour le pourpre de Cassius; faites dissoudre dans l'acide nitrique du commerce ou eau-forte, étendu de deux fois son poids d'eau. Continuez d'ajouter des cornets de cuivre jusqu'à saturation parfaite de l'acide; décantez la solution claire. Evaporez jusqu'à siccité dans une capsule de verre ou de porcelaine, et placez le résidu dans un creuset de Hesse, que vous introduirez dans un petit fourneau de Macquer; chauffez d'abord lentement, et ne donnez qu'un coup de feu modéré. Au bout d'un petit quart d'heure, on retire le creuset du feu, et on le laisse refroidir. Détachez-en la masse d'oxide, et pulvérisez-la.

Des Couleurs Brunes et Bistrées.

Les bruns pour faïence et porcelaine sont très-nombreux, parce qu'on en a besoin pour dégrader les teintes. Nous ne rapporterons pas toutes les compositions qu'on en peut faire pour varier la nuance, parce qu'elles restent totalement à la disposition du manipulateur. Il suffit de dire que la base de tous ces bruns, est l'oxide de fer, souvent mêlé à celui de manganèse.

Les ocres, les bols, et toutes les argiles imprégnées d'oxide de fer, y sont très-propres.

Voici un bistre qui fait un très-bon effet :

Oxide de manganèse..... 1 partie.
Terre d'ombre.......... 2 parties.

Mélangé au fondant nécessaire pour la fusion.

On emploie cette couleur sans la

fondre préalablement, ce qui en rend l'usage bien plus facile.

On fait aussi des bruns chauds et riches, avec le résidu de la décomposition du chromate de fer, dont on a extrait l'acide chromique par la potasse du nitre, comme nous l'avons dit. Ces bruns ont d'ailleurs le très-grand avantage de n'exiger que peu de fondant vitreux comparativement, pour leur emploi, ce qui est essentiel pour la facilité du travail et l'intensité des tons.

Du Chatiron.

C'est, à proprement parler, une couleur noire, destinée à marquer les ombres du tableau, et qui ne diffère guère du noir ordinaire, dans sa composition, que parce qu'elle admet moins de fondant, et que les traits qu'on en forme doivent rester mats sur un fond luisant.

On voit que cette condition la rapproche de toutes les couleurs dans lesquelles on ne met qu'une petite dose de fondant, et avec lesquelles on fait depuis quelques années, un grand nombre d'ouvrages d'un fort bon effet, et qui n'ont d'autre inconvénient, que de se salir par le contact des corps onctueux et visqueux. Nous ne parlons pas de ces couleurs en particulier, parce qu'ainsi que nous venons de le dire, elles ne diffèrent de celles que nous avons décrites, que par la proportion du fondant à y ajouter; ce qui est du ressort du peintre, plus que de celui du fabricant de couleurs, que nous avons seul ici en vue.

Du Mélange des Couleurs vitrifiables entre elles.

Les couleurs primitives vitrifiables, étant mélangées, seraient susceptibles de produire toutes les nuances imaginables, de même que, dans tous les autres genres de peinture, si leur contact entre elles à une température élevée, n'apportait pas dans beaucoup de cas, des modifications importantes dans leur composition, dues la plupart à une désoxidation, ou à une sur-oxidation des métaux les uns par les autres. C'est au peintre, à éviter sur sa palette, ces amalgames dangereux Mais il est certaines combinaisons de ces couleurs, dont l'effet est connu, et que les fabricans font eux-mêmes, parce que ceux qui emploient les couleurs aiment mieux ces mélanges tout faits et parfondus, que ceux qui restent à leur disposition sur leur palette. Nous indiquons ici deux seulement de ces mélanges.

Violet.

Précipité pourpre de Cassius, une partie; cobalt, un centième de partie; fondant, six parties

Rouge Orangé.

Ocre jaune, 1 partie; vert d'antimoine, 2 parties; fondant, 2 parties.

Des Fondans pour les Couleurs vitrifiables.

N'ayant point à traiter de l'emploi des couleurs, c'est-à-dire, de la peinture sur porcelaine, nous n'indiquons le dosage du fondant pour chaque couleur en particulier, que lorsque les procédés de fabrication exigent que le fabricant fasse lui-même ce mélange. Mais comme la composition des fondans est du ressort du fabricant de couleurs, nous allons, avant d'en parler, faire connaître les divers fondans les plus généralement en usage.

Les fondans se divisent en *alcalins* et *métalliques*. La dénomination des premiers est impropre, car ils se composent non seulement d'alcalis, mais aussi d'autres substances. En général, ceux-là n'offrent d'autre inconvénient dans leur emploi, que la difficulté qu'une substance vitreuse, quelque bien pulvérisée qu'elle puisse être, apporte à la manœuvre du pinceau.

Quant aux fondans métalliques, dont l'oxide de plomb principalement fait partie, ils sont incompatibles dans l'emploi, avec plusieurs couleurs, telles que le pourpre de Cassius, etc. La connaissance de ces incompatibilités concerne le peintre.

L'objet des fondans, est d'attacher les couleurs à la couverte de la faïence, ou à l'émail de la porcelaine, ou aux verres, cristaux, etc., en même-tems qu'ils servent à parfondre les couleurs, et à leur donner du brillant et de l'éclat.

On emploie depuis quelques années des couleurs mattes, sans luisant, et qui ne sont mêlées que tout juste avec la proportion de fondant strictement indispensable, pour leur adhérence au corps vitrifié sur lequel on les applique. C'est jusqu'ici le seul moyen qu'on ait pu employer pour la peinture des cristaux.

Les matières qui entrent dans les fondans *alcalins*, sont : le sous-carbonate, ou sel de soude, le borax, le nitre, le phosphate de soude.

Les fondans métalliques se composent ordinairement des oxides de plomb, de bismuth et d'antimoine.

Les fondans exigent une préparation avant leur emploi ; il convient de les fondre préalablement.

Pour le borax il faut avoir un creuset, que l'on introduit dans un fourneau à calciner. Quand le creuset est rouge, on y projette une petite quantité du borax, qui se boursoufle et remplit toute la capacité du creuset. On le couvre et on continue le feu ; ce borax ne tarde pas à éprouver la fusion ignée, et il s'affaisse alors au fond du creuset. On découvre alors celui-ci, et on fait une nouvelle projection de borax cristallisé; enfin, on renouvelle cette manœuvre jusqu'à ce que le creuset soit presque rempli de borax fondu. Alors on l'enlève avec des pincettes, et on verse dans un mortier de fonte, le verre de borax qu'il contient. Après, le refroidissement, on pulvérise ce verre et on le conserve dans un flacon bien bouché.

Le nitre se fond également dans un creuset, et se coule dans un mortier de fonte, où on le pile, tout comme le borax fondu. Il faut faire cette fusion avec promptitude, sans quoi, le creuset serait percé.

Le minium doit également se fondre, et c'est surtout ici qu'il faut un bon creuset, et de la promptitude, pour que le verre de plomb n'ait pas le tems de s'échapper à travers les pores du creuset.

La pureté du minium à employer dans les fondans, est une chose extrêmement essentielle au succès de la peinture.

Muni de ces substances ainsi préparées, on peut composer les fondans.

Composition des Fondans.

Fondant alcalin, n° 1

Sable silicieux, lavé d'abord à l'eau et ensuite à l'acide muriatique, pour en enlever le fer,.......... 2 parties.

Verre de borax,.......	1	partie.
Nitre fondu,.........	1/2	partie.
Craie parfaitement lavée et légèrement torréfiée,.............	1/4	de partie.

Fondant alcalin, n° 2,

Sable purifié,........	3	parties.
Verre de plomb,.....	2	parties.
Verre de borax,......	1/2	partie.
Nitre fondu,.........	1/2	partie.

Fondant métallique.

Sable purifié,........	3	parties.
Verre de plomb,......	2	parties.
Verre de bismuth,...	1	partie.

FABRICATION

DES CRAYONS DURS

DE TOUTE ESPÈCE.

Crayons gris.

L'INGRÉDIENT souvent unique, et dans tous les cas le plus nécessaire et le plus abondant dans la fabrication des crayons gris, est le percarbure de fer, combinaison de carbone et de fer qui se trouve dans la nature. On la connaît sous les dénominations de *plombagine*, *crayon noir*, *mine de plomb noire*, *graphite*. C'est le *black-lead* des Anglais.

On rencontre la plombagine en Espagne dans l'Andalousie, en France, dans les Pyrénées, les Alpes, dans le Piémont, la Calabre, la Bohême, etc. Mais dans tous ces différens lieux, elle n'occupe guère que de petites veines ou poches, dans le grani te, les schistes micacés et le calcaire granuleux; tandis qu'en Angleterre, principalement dans le Cumberland, le carbure de fer existe en masses considérables, et d'une grande pureté.

C'est à *Borrowdale* qu'on trouve les bancs d'une exploitation plus avantageuse.

Le principal emploi du carbure de fer, est pour la fabrication des crayons, et pour adoucir les frottemens dans les machines.

Voici les caractères physiques du percarbure de fer.

Gris-noirâtre, susceptible d'acquérir plus de brillant par de frottement, laissant des traces métalliques sur les corps où on le passe avec pression, brûlant et se volatilisant à une très-haute température.

Surface douce et onctueuse au toucher.

Fragile, tendre, facile à racler avec un couteau, poussière grise.

Pesanteur spécifique, 2. 08. à 2. 44.

Composition chimique, carbone 92, et fer 8.

Il se forme un véritable graphite sur les bains de la fonte en fusion dans les hauts fourneaux.

La plombagine se trouve en Angleterre, sous différens états, savoir : 1° avec un grain d'acier et d'une texture lâche ; naturellement noire, mais acquérant par le frottement une couleur sombre de plomb ; 2° avec un aspect granuleux et écailleux tout à la fois.

La plombagine de *Borrowdale* est la meilleure que l'on connaisse au monde, pour la fabrication des crayons, et il existait anciennement des réglemens en Angleterre, qui prohibaient son exportation sous des peines très-sévères.

Il suffit pour obtenir des crayons de qualité supérieure, de scier cette plombagine en parallélipipèdes allongés que l'on insère dans des espèces de moules en bois tendre, et d'un grain fin et uni, facile à couper, tel que le cèdre.

La trace que laisse la plombagine ainsi sciée et employée, s'enlève très-facilement de dessus le papier, soit avec la mie de pain, ou la gomme élastique.

La propriété qu'a la plombagine de se mêler très-intimement avec le soufre par la fusion, sans que son aspect en soit presque altéré, a suggéré aux Allemands l'idée de faire par cette voie des crayons, avec les débris et rognures de plombagine pilés ; mais malgré la bonne apparence de ces crayons, à l'usage on les trouve friables, durs, inégaux dans leur action sur le papier : ils ne sont guère propres qu'au tracé des épures, dans les gros ouvrages de charpente et de maçonnerie.

Les meilleurs crayons Anglais ne sont pas toujours égaux dans toute leur longueur. Assez fréquemment, le tiers ou même la moitié supérieure du moule, n'est rempli que de morceaux détachés d'une qualité inférieure. Même en Angleterre, où la mine de Borrowdale offre la meilleure matière, les grands morceaux faciles à scier sont assez chers.

L'état granuleux de la plombagine en France, inspira à notre ingénieux compatriote Conté, les tentatives qu'il a faites avec tant de succès pour la fabrication artificielle des crayons, en 1795.

Comme le brevet d'invention qu'il avait pris pour l'exercice de cette industrie, est depuis long-tems expiré, et que le détail de ses procédés a été publié par le gouvernement, pour en donner une idée exacte, nous ne saurions mieux faire que de laisser l'inventeur parler lui-même des procédés qu'il a exactement décrits dans sa requête.

« L'argile bien pure (dit-il), c'est-à-dire, celle qui contient le moins de terre calcaire, de silice, etc., est la matière que j'emploie pour donner de l'aggrégation et de la solidité à toutes sortes de crayons, dont je vais faire successivement la description.

» On sait qu'elle a la propriété de diminuer de volume, et de se durcir en raison directe des degrés de chaleur qu'elle éprouve ; c'est d'après cette propriété que j'ai cru pouvoir l'employer comme matière *solidifiante* de toutes sortes de crayons. Le succès a répondu à mon attente, et je suis parvenu à en faire d'artificiels, qui peuvent remplacer et surpasser même ceux qui nous venaient d'Angleterre, sous le nom de *capucines*, la pierre d'Italie, la pierre noire, etc. Je suis venu à bout de leur donner le degré de dureté et de solidité convenables, en mêlant plus ou moins d'argile avec les diverses matières colorantes, et en les faisant plus ou moins cuire.

» *Préparation de l'Argile.* On délaie dans de grands baquets, avec de l'eau de rivière, une assez grande quantité de l'argile ci-dessus indiquée ; lorsqu'elle est bien délayée, on y ajoute une quantité d'eau proportionnée, on remue bien le tout, et on le laisse reposer pendant deux minutes environ. Le fond du baquet qui contient cette argile doit être élevé de 0 m. 60 environ ; on place un autre baquet 0 m 60 plus bas, et l'on transvase avec un siphon l'eau ainsi troublée, ayant attention que la branche du siphon qui fait la succion, ne soit jamais enfoncée plus de 0 m. 08, dans l'eau. Quand elle commence à paraître plus troublée, on arrête l'écoulement; on met dans le baquet supérieur de nouvelle eau, jusqu'à ce qu'on ait une assez grande quantité d'eau troublée, ainsi transvasée.

» Le dépôt se fait lentement, mais enfin l'eau se clarifie. On tire toute l'eau claire avec un siphon, et l'on met toute l'argile qui se trouve au fond, sur une toile propre, tendue par les quatre coins, où elle se dessèche; elle est alors en état d'être employée.»

Premier Procédé, pour faire des Crayons imitant ceux nommés Capucines.

» On prend du carbure de fer, connu sous le nom de *mine de plomb*, et on le pile dans un mortier de fer; lorsqu'il est réduit en poussière, on le met dans un creuset, et on le fait rougir presque jusqu'à blanc. L'action du feu lui donne une qualité que, sans elle, il ne pourrait avoir; elle lui donne plus de brillant, plus de douceur, elle empêche qu'en le mêlant avec l'argile, il ne se fasse une altération, inévitable dans le cas contraire.

» Cette substance minérale ainsi calcinée, est propre à être mêlée avec l'argile : ce mélange peut s'effectuer en doses différentes; moins on met d'argile, moins on fait cuire les crayons, plus ils seront tendres; plus on emploie d'argile, relativement au carbure, plus ils sont fermes; enfin, ils pourraient, dans le premier cas, se réduire en poussière, et dans l'autre, acquérir tant de dureté qu'il ne marqueraient plus : ainsi on sent qu'il faut tenir un juste milieu.

» Les crayons que j'ai présentés, et qui ont fixé l'attention, étaient composés comme il suit :

» Les uns étaient formés de deux parties de carbure de fer, et de trois d'argile, les autres de deux de carbure et de deux d'argile, etc.

» Cette composion peut être variée à l'infini, et pour les nuances et pour la dureté, avantages précieux que ne donne pas la mine naturelle. Une chose importante dans cette opération, c'est que tous ces crayons sont au moins aussi noirs que ceux faits avec la mine naturelle, et ils ont l'avantage de ne pas faire un dessin aussi luisant, ce qui nuit beaucoup à l'effet. Au surplus, en mettant relativement peu d'argile et beaucoup de carbure, on obtient le même effet.

» Je dois maitenant exposer la manière de préparer la pâte qui sert à former ces crayons.

» Lorsque les matières sont passées exactement, on mêle un peu d'argile avec le carbure, et l'on broie le mélange jusqu'à ce qu'il soit réduit en une pâte extrêmement fine. Pour s'assurer s'il est assez broyé, on fait cuire un peu de cette pâte; si en la taillant, on aperçoit des grains de mine, le but est manqué; s'il en existe encore, il faut broyer de nouveau jusqu'à ce qu'il n'en existe plus. On y mêle ensuite le reste de l'argile qui avait été pesée, et l'on recommence à broyer jusqu'à ce que l'on n'entende plus passer la molette. Il faut alors que cette pâte, qui est très-liante, soit très-épaisse; il suffit qu'elle puisse se manier. On en forme une boule que l'on met sous une cloche de verre posée sur un plat rempli d'eau, ayant soin de la placer sur un support qui la sépare de l'eau. »

Préparation que doit subir la Pâte pour faire les Crayons.

Le premier moyen consisterait à en faire une solide, que l'on ferait cuire, et que l'on débiterait, à l'imitation des Anglais, en lames minces, propres à êtres introduites dans le bois; mais, outre que ce moyen serait long, difficile et dispendieux, il aurait de plus l'inconvénient d'émousser promptement les scies, et de réduire beaucoup de matière en poussière, qui serait perdue.

» Cet inconvénient m'a suggéré un autre moyen que je crois préférable à tous égards; et sans m'arrêter à celui que les Anglais ont été forcés d'adopter, parce qu'ils ne sont pas maîtres de choisir, ayant à traiter une matière solide, et non une pâte, j'ai pensé qu'en formant des plaques, et en les faisant cuire je m'épargnerais beaucoup de travail. Il est possible, en effet, de faire cette cuite, sans que les plaques se gauchissent, et sans que rien empêche leur placement dans les montures en bois. Le succès de ce moyen est certain, mais l'expérience m'en a fait connaître un plus simple et plus court.

» On fait dans une plaque de bois, de petites rigoles semblables aux barreaux que forment les crayons, d'un volume et d'une longueur plus grands, à cause du retrait. On a soin de faire bouillir dans du suif le morceau de bois portant les cannelures, afin d'empêcher la pâte de s'y attacher; on prend ensuite de cette pâte avec une spatule, et l'on en remplit les creux en pressant fortement; on recouvre toutes les rainures avec une plaque de buis, également bouillie dans le suif; on la serre fortement avec une ou deux vis, et on laisse sécher le tout dans cet état. Comme l'air atmosphérique ne peut toucher la pâte que par les bouts, ils sèchent les premiers; ils se détachent des cannelures, en diminuant de volume, et peu à peu l'air circule dans toute la longueur; on met ensuite le moule dans un four médiocrement chaud, où les barreaux finissent de se dessécher. Quand il sont à ce point, on retire le moule et on le vide sur une table garnie de drap; on voit alors tous les barreaux qui doivent former les crayons; la majeure partie est d'un seul morceau, quelques-uns sont en deux; mais tous sont parfaitement droits, point bien essentiel et très-important.

» Pour donner de la solidité à ces crayons, on les place perpendiculairement dans un creuset; lorsqu'il en est rempli, on jette dessus de la poussière de charbon, environ deux pouces d'épaisseur, ou du sablon fin, ou de la cendre tamisée : toutes ces matières produisent un bon effet. On met un couvercle sur le creuset, et on le lute avec de l'argile, de la craie ou quelque autre substance capable de résister à un grand feu. On met le creuset au feu et on le fait rougir ; le degré de chaleur qu'il doit récevoir est relatif à la dureté que l'on veut donner aux crayons ; il est réglé par le pyromètre de *Wedgwood.* Quand les crayons sont cuits, on retire le creuset, et on le laisse refroidir pour les en ôter.

» Si ces crayons sont destinés à tracer des plans, à dessiner l'architecture, ou à former des lignes très-fines, il faut, avant de les monter, les tremper dans de la cire presque bouillante, ou du suif à la même température ; ou enfin dans un mélange de l'un et de l'autre. Cette immersion se fait en mettant ces crayons sur un grillage de fil de fer, et en les plongeant dans une chaudière. Ils acquièrent par là de la douceur ; ils s'usent beaucoup moins en travaillant, et ils gardent parfaitement leur pointe.

» Lorsqu'on emploie ces crayons à dessiner l'ornement, la figure, etc., il est préférable de ne pas les plonger dans ces préparations ; ils font un dessin beaucoup plus vigoureux, du plus beau net, et qui n'a pas le luisant incommode de la mine de plomb ordinaire. »

Deuxième Procédé pour faire les Crayons artificiels, d'une qualité différente de la première.

» Toutes les opérations sont les mêmes, excepté qu'on y ajoute du noir de fumée, c'est-à-dire, que les crayons sont un composé de cette matière, de carbure de fer et d'argile ; on les cuit de même, et l'on a soin que, dans le moment de la cuite, ils soient enfoncés dans le creuset, sous les matières désignées plus haut, pour les soustraire au contact de l'air, et éviter que le noir de fumée ne brûle à la superficie ; ce qui ne manquerait pas d'arriver si l'on négligeait cette précaution.

» On peut, comme on le voit, faire une série de crayons à l'infini, en mettant plus ou moins de noir de fumée et d'argile, et l'on obtient par là des crayons depuis le noir le plus intense, jusqu'au plus pâle. Ils sont aussi de la meilleure qualité, pour dessiner la nature dans toutes ses productions; les dessins en sont beaux et vigoureux, et aussi noirs qu'on le désire. »

Troisième Procédé, pour faire des Crayons artificiels colorés.

» J'ai senti l'avantage d'enrichir cette collection de crayons artificiels colorés, qui pussent servir à dessiner la miniature. Je suis parvenu à en faire qui peuvent être montés en bois comme les *capucines*, et qui font également la pointe. Je n'ai pas encore obtenu toutes les couleurs, mais les premiers essais ne me laissent aucun doute sur le succès.

» On a des crayons couleur de *bistre*, en employant *la terre d'ombre calcinée*, mêlée avec de l'argile. L'oxide de plomb rouge connu sous le nom de *rouge de saturne*, donne un très-beau crayon aurore. Le *carmin* en donne un de sa couleur, ainsi que tous les roses en y ajoutant plus ou moins d'argile; les laques ont les mêmes propriétés, etc.

» Il faut cependant noter que toutes les couleurs qui sont susceptibles de se brûler, ne doivent pas être cuites comme les autres ; on se contente, pour les durcir, de les mettre sécher à l'étuve, et ensuite de les faire bouillir, ou dans l'huile, ou dans le suif, ou dans la cire, ou enfin, dans un mélange de ces matières.

» Tous les oxides métalliques colorés deviennent, comme on le voit, propres à faire des crayons; ceux du fer en procurent de plusieurs espèces différentes, dans la proportion qu'ils contiennent plus ou moins d'oxigène, tels que les rouges, les bruns rouges, les bruns violets, etc. On obtient des crayons bleus avec l'indigo ou le bleu de Prusse mêlé avec l'argile.

» Il faut avoir soin d'employer pour les crayons colorés, l'argile très-blanche, afin que leur couleur ne soit pas altérée.

» Pour la manière de faire les montures de ces crayons, on suit le procédé connu; on emploie pour cet objet le bois de cèdre, ou de genévrier, comme le meilleur pour ces sortes d'ouvrages. »

Le vague que l'on aperçoit facilement, dans la manière dont feu Conté a décrit le procédé des crayons colorés, après avoir si bien indiqué celui relatif aux crayons gris et noirs, ne laisse pas douter du peu d'attention qu'il a donnée à cette partie ; aussi ne voyons-nous pas qu'il ait été mis dans le commerce des crayons de toutes couleurs, fermes et tenant bien la pointe, comme il en vient d'Allemagne et d'Angleterre.

Le moyen qu'on vient de lire, et qui consiste à faire simplement sécher les crayons à l'étuve, et à les plonger ensuite dans de la cire fondue, ou du suif, ou un mélange des deux, a été essayé, et n'a eu aucun succès. Le crayon ne tient pas sa pointe, et d'ailleurs il est gras et boueux; on n'en peut rien faire de bon.

Plusieurs personnes, entre autres le général Lomet, se sont occupées de cet intéressant objet. Vers l'année 1800, le général a publié une suite de procédés pour obtenir des crayons de sanguine de différentes nuances et de différens grains.

Pour ce qui est de la sanguine, comme de toutes les couleurs qui peuvent supporter sans altération un haut degré de température suffisant pour le durcissement de l'argile mêlée à la couleur, nous ne voyons pas qu'il soit nécessaire de s'écarter des procédés de Conté. Mais pour les crayons bleu de Prusse, indigo, carmin, et toutes les nuances de rose, la plupart des jaunes, etc., tous tirés des règnes végétal et animal, il ne faut pas penser au durcissement des crayons au moyen de la cuisson de l'argile.

Voici le procédé publié par le général Lomet.

Il prend la sanguine en roche la plus tendre; il la broie à l'eau pure sur le marbre, il la décante d'une manière analogue à l'opération de Conté sur l'argile, pour l'obtenir à un état de grande finesse. Il fait dissoudre à part de la gomme arabique, et la mêle exactement avec la sanguine réduite en poudre impalpable; quelquefois il ajoute du savon pour donner de la douceur au crayon.

Pour le moulage des crayons, il force la pâte à passer par le canon d'une seringue d'un orifice égal à la grosseur de ces crayons. Il coupe les bâtons à longueur de deux pouces, les laisse sécher, leur donne une première taille, et les racle pour leur enlever une pellicule qui se durcit à la surface, pendant la dessication.

Voici les dosages que le général Lomet a indiqués pour obtenir, selon lui, différens résultats : il prévient que ce dosage doit être observé avec beaucoup d'exactitude.

I. Sanguine sèche ou oxide
rouge de fer,............ 10 gram.
Gomme arabique sèche, o. gr. 311.

Crayons très-tendres, bons pour grands dessins.

II. Sanguine,.............. 10 gram.
Gomme arabique sèche. o gr. 363.

Crayons moelleux, un peu tendres, excellens pour grands dessins.

III. Sanguine,............ 10 gram.
Gomme,.............. o gr. 415.
Ou mieux,............. o gr. 441.

Crayons doux et solides; ce sont les meilleurs que l'on puisse employer pour l'usage habituel.

IV. Sanguine,.............. 10 gram.
Gomme,................ o gr. 467.

Un peu fermes, sans dureté, bons pour les dessins délicats

V. Sanguine,.................10 gram.
Gomme,..................0 gr. 519.

Très-fermes, propres aux petits dessins détaillés.

VI. Sanguine,...... ......10 gram.
Gomme,................0 gr. 751.

Crayons durs. On peut cependant encore s'en servir; mais c'est le maximum de la gomme.

VII. Sanguine,.............10 gram.
Gomme,...............0 gr. 580.
Savon blanc desséché, .0 gr. 519.

Teinte rembrunie, bonne consistance, doux à tailler, mais les traits ont le défaut de devenir luisans.

VIII. Sanguine,........... 10 gram.
Colle de poisson sèche, 0 gr. 622.

Crayons d'un ton brillant, excellens à l'usage.

Je n'ai pas eu occasion de répéter les essais du général Lomet sur la sanguine, et je considère que, pour cette couleur, le procédé de Conté est incontestablement meilleur; mais j'ai varié beaucoup les dosages de la gomme arabique, de la colle de poisson et du savon, pour des crayons de stil de grain jaune, de lacques carminée et communes, d'indigo, bleu de Prusse, etc. Si je n'ai jamais obtenu que des crayons peu traitables, lors même que le dosage de la colle et de la gomme était insuffisant pour leur faire tenir la pointe, quand j'ajoutais du savon, même en très-petite quantité, j'avais toujours un crayons luisant, comme graisseux, dont je ne pouvais faire aucun bon usage.

Mais j'ai infiniment mieux réussi en employant un autre ingrédient.

J'ajoutais aux substances colorées, sèches et réduites en poudre impalpable, depuis un dixième jusqu'à un cinquième de leur poids, d'un mélange à parties égales, de blanc de baleine et de cire blanche. Je faisais fondre à un feu doux, ces deux corps gras. J'y incorporais peu à peu les poudres colorées : je malaxais pendant long-tems, tenant la composition sur des cendres un peu plus que tièdes. Enfin, je roulais sur une glace dépolie, les mélanges, sous forme de crayons.

Ces crayons étaient bien loin de tenir aussi bien la pointe, d'avoir un trait aussi vif que ceux obtenus par la cuisson de l'argile, mais ils se taillaient facilement, marquaient au premier effort, et en général ils conservaient presque exactement les mêmes nuances qu'avaient eues les poudres dont ils avaient été formés, et ils m'ont semblé tout aussi bons que ceux des couleurs respectivement les mêmes qui nous sont apportés de l'étranger.

Depuis la mort de Conté, son gendre et successeur, homme instruit, a cherché des améliorations dans la fabrication des crayons. Si le haut point de perfection auquel l'inventeur avait amené de son vivant tous ses produits rendait la tâche difficile, du moins lui restait-il la facilité d'ajouter aux moyens mécaniques, pour augmenter avec économie, les résultats d'une fabrication déjà considérable; et c'est ce qu'a fait M. Humblot, avec beaucoup de sagacité.

La connaissance de ces améliorations peut devenir utile, et nous la donnons ici. Nous laissons parler l'auteur tout comme nous avons fait à l'égard du premier inventeur.

« Les divers degrés de dureté des crayons (dit M. Humblot), ne peuvent s'obtenir d'une manière constante, par le simple mélange de la plombagine et de l'argile, à des doses déterminées.

» Cette dernière substance n'étant pas toujours égale dans sa composition, le retrait n'étant pas toujours le même au même degré de feu, il résulte que deux mélanges formés séparément, et néanmoins dans les mêmes proportions, ne donnent pas des crayons identiques. Comme ce n'est qu'après la cuisson que l'on peut connaître cette différence, il a fallu trouver un moyen de leur donner dans cet état le degré de dureté convenable. On arrive à ce dernier résultat, en immergeant les crayons dans des dissolutions de sels plus ou moins concentrées, qui pénètrent la matière, et lui font subir de nouvelles combinaisons, en lui donnant plus d'homogénité et de solidité. Avant de soumettre les crayons à cette opération, on juge de leur degré de dureté par des essais, et l'on conclut de ces essais le degré de concentration que doit avoir la dissolution à employer, et l'espèce de sel à laquelle on doit donner la préférence. Ce sont les sulfates, et en général les sels non déliquescens et peu chers, quelquefois même le sucre.

» Le désir qu'ont témoigné nombre d'artistes, d'avoir des crayons noirs non montés en bois, qui puissent s'employer sans porte-crayons et sans salir les doigts, a fait inventer une nouvelle espèce de crayons, nommés *grands et petits vernis*, qui s'obtiennent en employant du noir de fumée le plus fin que l'on puisse se procurer; après l'avoir mêlé avec deux tiers d'argile, on en forme des crayons avec la machine à moules que nous verrons plus loin. Quand ils ont acquis un degré de fermeté, par la dessication simple, on les pose sur une table recouverte d'un drap de laine; ils ne perdent plus ce vernis, et ont la qualité désirée.

» Le moulage a pour but de donner aux crayons noirs ou aux mines de plomb, soit la forme cylindrique, soit la forme cubique allongée, ou de faire des tringles longues et minces, propres à être mises en bois; on les obtient au moyen des trois machines suivantes, imaginées à cet effet, et représentées *fig.* 1, 2 et 3.

» La *fig* 1 est une plaque en cuivre A carrée, d'environ 2 millimètres d'épaisseur, percée de rainures parallèles, aussi larges que la plaque est épaisse; c'est dans ces rainures que l'on introduit, au moyen d'un cylindre, la pâte qui doit former les crayons; après quoi l'on soumet, pendant quelques instans, cette plaque, avec la pâte qu'elle contient, à l'action d'une presse; on la retire ensuite, et on la place sur un châssis B, *fig.* 2, auquel est pratiquée une feuillure C, pour la recevoir et la contenir: ce châssis est traversé par de petites tringles en fer, de champ I, qui se rapportent entre les rainures de la plaque de cuivre, et les séparent. Alors, on prend un peigne *fig.* 3, formé de petites lames de cuivre D, de six lignes de large, vues de champ dans cette figure, de la longueur et de l'épaisseur des rainures de la plaque *fig.* 1, et entrant dans chacune avec justesse.

» Des lames en cuivre E, échancrées, reçoivent les lames du peigne, qui sont soudées avec elles; ces lames sont courbées à angle droit, à chaque bout, et s'arrondissent pour pouvoir entrer dans les trous G *fig.* 2, lorsqu'on veut faire sortir les crayons du moule.

» On place le peigne sur la plaque, et en le pressant, il s'introduit dans toutes les rainures, il en chasse la matière qui a été comprimée, et qui tombe sur une glace polie, sur laquelle le châssis est disposé; on enlève le peigne par les poignées F, on enlève aussi toutes les autres parties de l'appareil, et les crayons versés sur la glace, sont maintenus droits, au moyen de petites glaces que l'on couche dessus, à de petites distances les unes des autres.

» On varie les dimensions des rainures, l'épaisseur et la largeur de la plaque, celles du peigne et du châssis, suivant la forme que l'on veut donner au crayon.

» Lorsqu'ils sont très-gros, comme ceux connus sous les noms de *carrés fermes* et *tendres*, on introduit la matière dans le moule, au moyen d'une presse à levier, qui refoule la matière d'une boîte où elle est contenue, pour la faire entrer dans le moule, qui est disposé pour lui servir de fond.

» Pour faire les crayons cylindriques de diverses grosseurs, on se sert d'un tube en cuivre, cylindrique, de six centimètres de diamètre, et quatre centimètres de long, terminé à un bout par un fond percé d'un trou plus ou moins gros, suivant la grosseur du crayon que l'on veut obtenir ; par l'autre bout, qui est ouvert, on introduit la pâte dont on remplit la capacité du tube ; on refoule ensuite la matière avec un piston, mu par une forte vis. Ce piston, en s'enfonçant, presse sur la matière et la force de sortir par le trou placé à l'autre extrémité. En passant par ce trou, elle s'y moule, comme dans une filière, avec la plus grande homogénéité; et l'on coupe le boudin qui en sort, en petits cylindres de longueurs égales et plus ou moins longs, selon la nature des crayons.

» Comme la qualité des crayons dépend essentiellement de la perfection et de la finesse de la pâte, il a fallu, pour broyer à peu de frais les matières qui la composent, recourir à d'autres moyens que ceux connus.

» *Machine à broyer*, *fig.* 4. Coupe

verticale par le centre de la meule. *Fig.* 5, la meule vue par dessus.

» A, baquet dont le fond B est toujours une plaque de fonte dure, bien dressée. Les côtés A sont aussi en fonte ou de bois, à volonté. Au centre du fond de ce baquet est un pivot C, vissé dans une douille faisant partie du fond, qui est soutenu par deux fortes traverses D, en bois, solidement réunies au bâtis E.

» F, meule en fonte, évidée, dont le diamètre est de deux décimètres plus petit que celui du baquet : elle est garnie intérieurement d'une partie G, en bois, formant un bassin circulaire concave, qui reçoit la matière et la dirige sur les trous H, qui donnent passage à la matière, pour l'introduire entre le dessous de la meule et le fond du baquet, où elle est broyée.

» Par le mouvement centrifuge, la pâte est chassée vers les côtés du baquet, et remonte par dessus les bords de la meule, pour venir de nouveau passer par les trous H, et être ainsi soumise successivement à l'action de la meule. Cette meule est montée sur un arbre vertical I, qui lui transmet le mouvement de rotation, qu'il reçoit lui-même de l'engrenage d'angle K, mis en action par la manivelle L.

» *Fourneau pour faire cuire les crayons. Fig.* 6, élévation du fourneau vu par devant. *Fig.* 7, coupe verticale par le milieu d'une des cheminées. *Fig.* 8, élévation de côté.

» Six tuyaux A, plus ou moins gros, selon que la matière qui compose les crayons conduit plus ou moins bien le calorique. Ces tuyaux, où l'on met les crayons que l'on veut faire cuire, traversent horizontalement le laboratoire B du fourneau, et sont portés par deux plaques C, percées de six trous carrés, pour recouvrir les axes des tuyaux A. Ces deux plaques sont enfilées sur un axe commun D; l'une avec rebord, bouche la partie cylindrique du fourneau, comme on le voit *fig.* 6; à son extrémité du fond, l'axe D est porté par une fourchette de fer fixée dans la maçonnerie; en avant, il traverse la plaque C, et laisse passer un bout carré d'environ un décimètre pour recevoir une clé à l'aide de laquelle on peut, quand on veut, faire tourner l'axe D, qui entraîne dans son mouvement de rotation, les deux plaques C et les six tuyaux A, qui se trouvent par ce moyen, exposés successivement à l'action du feu d'une manière égale, et sur toutes leurs faces; aux deux extrémités du fourneau sont deux cheminées E, pour que la répartition du calorique se fasse également sur toute la profondeur du fourneau.

» F, *fig.* 6, porte du foyer, par où l'on introduit le combustible. G, *fig.* 6 et 7, cendrier. H, *fig.* 7, foyer. I, trous de la grille qui sépare le foyer du cendrier. K, maçonnerie formant l'enveloppe du fourneau. »

Nota. Par l'expiration de tous les brevets de MM. Conté et Humblot, leurs ingénieux procédés publiés conformément à la loi, appartiennent aujourd'hui à la communauté. La fabrication des crayons est une industrie encore neuve, susceptible de perfectionnement, de grands bénéfices, et elle appelle l'attention des fabricans.

Fabrication des Crayons tendres ou Pastels.

La perfection des pastels ou crayons tendres, consiste en grande partie dans leur douceur. Il serait impossible de rien exécuter de brillant avec, s'il en était autrement. Il faut donc apporter dans la fabrication, tous ses soins à éviter la dureté et la rudesse. Il faut rejeter absolument de toutes les compositions, le blanc de plomb qui, outre qu'il est sujet à durcir, noircit dans beaucoup de cas.

Il s'agit d'abord de préparer le blanc qui doit faire la base de tous les crayons, et voici comme il faut s'y prendre.

Munissez-vous d'un grand vase plein d'eau, mettez-y la craie, et divisez complétement. Laissez en repos une demi-minute, pour attendre le dépôt de toutes les parties rudes et sableuses; décantez le liquide surnageant, dans un autre vase, où vous laisserez faire le dépôt. Recueillez ce dépôt ; faites sécher sur des pièces plates de craie, si vous ne voulez pas employer le blanc immédiatement.

C'est par le même procédé que, dans la fabrication des pastels, il faut traiter toutes les substances rudes et sableuses, telles que les cendres bleues naturelles, le vert de montagne, etc.

Ayez un grand couteau à couleur, flexible, une grande pierre à broyer et une forte molette, avec plusieurs plaques de craie taillées pour absorber l'humidité des couleurs quand elles auront été bien atténuées. Il faut aussi avoir une glace ou plaque de verre, pour rouler dessus les crayons, qui ne sécheront pas alors trop vite sous les doigts.

LES ROUGES.

1°. *Crayons carmin*. Comme ils sont assez sujets à être durs, au lieu de les broyer et de les rouler, prenez suffisante quantité de carmin, mettez-la sur la pierre à broyer, mélangez-le bien avec l'esprit-de-vin à l'aide du couteau, et atténuez-le complétement. Placez la couleur broyée sur la plaque de craie, afin d'absorber promptement l'esprit-de-vin. Mais ayez attention qu'elle y soit étendue au degré de liquidité convenable. Si la couleur était trop molle, les crayons seraient plats; si elle était trop épaisse, il n'y aurait pas d'économie dans la matière. La couleur simple étant ainsi prête, il faut ensuite composer les différentes teintes, au moyen du mélange avec le blanc. Les proportions à observer étant relatives à vingt gradations de la même teinte, voici la marche à suivre. Prenez un peu de la couleur simple, et broyez-la avec l'esprit-de-vin, en y ajoutant environ une partie de blanc lavé sur trois parties de carmin. Quand les deux substances auront été bien incorporées, faites-en deux tas. La seconde gradation doit être composée de quantités égales de carmin et de blanc, et il en faut faire quatre crayons. La troisième composition doit offrir un quart de carmin et trois quarts de blanc : decelle ci, faites six crayons, la dernière teinte doit être faite avec du blanc, très-légèrement coloré avec le carmin, dont vous ferez environ huit crayons, ce qui complétera la proportion sus-mentionnée. A mesure que ces teintes composées sont broyées, il faut les placer immédiatement sur les plaques à sécher, afin qu'elles perdent leur humidité au degré convenable pour en former les crayons; ce que l'on connaîtra en observant si la matière a perdu presque toute sa propriété adhésive quand on la roule entre les doigts. Il faut alors la porter sur la plaque de verre qui, n'étant pas poreuse, ne permet plus une dessication aussi prompte, et donne la facilité de mouler les crayons; sans quoi ceux-ci seraient pleins de gerçures et très-fragiles, ce qui est un grand inconvénient dans l'emploi.

2°. *Crayons de laque.* C'est une couleur très-susceptible de durcir; pour l'en empêcher, il faut observer ce qui suit dans la fabrication. Prenez environ la moitié de la laque destinée aux crayons, et broyez-la très-finement à l'esprit-de-vin; laissez sécher et pulvérisez-la ensuite, ce qui se fera très-facilement si la laque est de bonne qualité; prenez alors l'autre moitié et broyez-la à l'esprit-de-vin, et mélangez-la avec la portion pulvérisée; formez-en immédiatement des tas sur la plaque à sécher; cette couleur ne supporterait pas le roulage en cylindre. La couleur simple étant ainsi préparée, procédez pour les crayons composés, comme il a été prescrit plus haut, et avec les mêmes gradations que pour les teintes carmin.

3.. *Crayons vermillon*. Le plus beau vermillon est celui qui tire sur le carmin. Il ne faut rien autre chose pour préparer cette couleur, que de la mêler sur la pierre, avec de l'eau pure ou de l'esprit-de-vin; après quoi on peut facilement la rouler en crayons. Les différentes teintes sont le produit d'un mélange de la couleur simple avec le blanc dans les proportions déjà données.

LES BLEUS.

1°. *Le Bleu de Prusse* est une couleur très-sujette à se resserrer et à durcir, dont il est assez difficile de former des crayons qui restent tendres. Il faut suivre pour ces crayons, la même méthode déjà indiquée pour la laque; mais il est nécessaire de broyer une plus grande quantité de la couleur pure, parce que c'est ordinairement celle-ci qui est principalement employée pour les draperies, qui en consomment davantage. Quant aux différentes teintes, elles varient suivant la fantaisie du peintre ou suivant le besoin.

2.. *Les cendres bleues* sont une couleur naturellement âpre, qui exige un long lavage et une parfaite lévigation. Les molécules sont si rudes et si peu adhérentes entre elles, qu'elles nécessitent l'emploi d'une substance qui les lie, sans quoi les crayons resteraient toujours très-friables. Pour y parvenir, prenez la quantité suffisante pour faire deux ou trois crayons, à quoi vous ajouterez gros comme un pois de plâtre noyé; mélangez bien exactement, et formez les crayons sur la pierre à sécher. Cette espèce de bleu est extrêmement brillante, et on en fait grand usage pour rehausser les draperies, etc. Il faut en dégrader les teintes au moyen du blanc de craie, comme nous l'avons dit pour les couleurs précédentes. Pour le traitement de cette espèce de crayons, l'emploi de l'esprit-de-vin serait superflu : l'eau pure y convient parfaitement.

LES VERTS.

Il est fort difficile d'obtenir des *verts*. En Suisse, où la fabrication des pastels à été très-perfectionnée, on réussit bien mieux que partout ailleurs à cette couleur. En général, il faut prendre de l'ocre jaune, et après l'avoir broyée à l'esprit-de-vin, on la mêle avec du bleu de Prusse en poudre, et on fait sécher la composition sans la rouler. Certaines personnes employent le jaune du Roi, que nous avons dit être une préparation arsenicale, avec le bleu de Prusse. D'autres encore font usage d'ocre brune et de bleu de Prusse. Les pastels faits de ces deux dernières manières, sont susceptibles d'être roulés. On peut, en variant les proportions de ces diverses couleurs, suivant la fantaisie ou le besoin, se procurer des pastels qui participent plus ou moins de la nuance bleue ou de la jaune.

LES JAUNES.

1°. Le *jaune royal* est le plus utile et le plus brillant, étant broyé à l'esprit-de-vin, et l'on en compose les diverses nuances selon les moyens déjà indiqués. Le *jaune de Naples* et l'*ocre jaune*, broyés à l'esprit-de-vin, seront aussi des crayons utiles. 2° L'orangé est le produit du jaune royal et du vermillon, broyés ensemble à l'esprit-de-vin. Quant aux teintes plus ou moins affaiblies, ou les forme d'après les règles ci-devant données. Mais, en général, on n'emploie pas beaucoup de ces teintes variées.

LES BRUNS.

1°. L'*ocre brune* est une belle couleur foncée. Après en avoir préparé six ou sept crayons simples, on peut en former plusieurs teintes composées très-riches, au moyen d'un mélange de carmin en différentes proportions. Le noir, le carmin et le brun, dont il est ici question, étant mêlés ensemble, donnent des nuances très-utiles pour la peinture des cheveux. On peut se procurer diverses gradations avec chacune de ces couleurs, au moyen des mélanges en diverses proportions avec le blanc. L'ocre brune ou l'ocre romaine, est une couleur excellente, soit qu'on l'emploie seule ou en composition avec le carmin. Le blanc, teint à divers degrés avec l'une ou l'autre de ces couleurs, rend de grands services. 2° La *terre d'ombre* peut être traitée absolument de la même manière; seulement il est nécessaire qu'elle soit broyée à l'esprit-de-vin.

LES POURPRES.

Le *bleu de Prusse*, broyé à l'esprit-de-vin et mélangé avec la laque pulvérisée, donne un bon pourpre. Le carmin mélangé de la même manière avec le bleu de Prusse, produit un pourpre un peu différent. Avec l'un ou l'autre de ces mélanges, on peut obtenir des nuances variées, au moyen du blanc de craie.

LES NOIRS.

1°. Le *noir de fumée* est le seul dont on puisse faire usage en toute sûreté, car tous les autres sont sujets à *pousser*; mais comme il n'est pas toujours facile de se procurer du beau noir de fumée, il vaudrait peut-être mieux le fabriquer soi-même. Voici un procédé qui réussit bien. Procurez-vous un cône creux en étain; fixez-le au-dessus d'une lampe, à une hauteur telle que la flamme n'y atteigne que tout juste, et que la fumée se porte dans l'intérieur du cône. Quand il s'y en sera rassemblé une certaine quantité, enlevez-la, et brûlez toute la graisse contenue dans la suie, en la plaçant dans un creuset fermé. Broyez ensuite à l'esprit-de-vin, et placez sur les plaques de craie pour absorber l'humidité. On peut, au moyen de ce noir, former des teintes grises très-variées par le mélange du blanc de la manière prescrite. 2° Le vermillon, mêlé au carmin, est un composé dont on fait grand usage, et ses différentes dégradations au moyen du blanc, sont très-employées. 3° Le carmin avec le noir, est un autre composé très-bon, dont on doit se procurer cinq ou six dégradations, dont les uns tirent davantage au noir et les autres au rouge, et chacune peut être atténuée par un mélange de blanc. 4° Le vermillon, avec le noir, est également un mélange utile, dont il faut avoir plusieurs teintes plus ou moins foncées. 5° Le bleu de Prusse, avec le noir, est très-utile aussi, principalement pour les draperies, dans la peinture desquelles ce mélange est excellent.

Il est presque impossible, au surplus, de fixer des règles certaines pour la formation de toutes les teintes dans la composition d'une série de crayons, parce qu'il y a un grand nombre de compositions accidentelles entièrement dépendantes de la fantaisie et du goût.

Du Roulage des Crayons et des Apprêts à leur donner.

Les différentes compositions de substances coloriées doivent être divisées en morceaux de grosseur convenable, après leur préparation, afin de leur donner une forme commode pour l'usage. Chaque crayon doit être tenu de la main gauche, et formé avec la paume de la main droite; après, il faut lui faire affecter la forme cylindrique, et ensuite lui donner par les deux bouts celle d'un cône. Si l'on trouve la composition trop sèche, il faut tremper le doigt dans l'eau; dans le cas où elle serait au contraire trop molle, il faudrait la remettre sur la plaque à sécher. Il faut rouler les crayons aussi promptement que possible; et il faut ensuite les replacer sur la plaque de craie, pour les priver de toute humidité. Après que toutes les teintes d'une même couleur auront été formées, il faudra bien nettoyer la pierre à broyer, avant de la faire servir à une autre couleur.

Quand l'assortiment des crayons sera complété selon les règles qui ont été prescrites, il faudra les arranger par classes pour la commodité de leur emploi. De minces tiroirs, divisés en un certain nombre de cases, offrent la disposition la plus favorable. Il faut y placer les crayons dans un ordre correspondant à la dégradation des lumières. Il convient de couvrir avec du son le fond des cases, afin de donner un lit mollet aux couleurs; ce qui non-seulement les conserve toujours propres, mais empêche les crayons de se briser.

FABRICATION DES VERNIS.

Un pur vernis est un fluide clair et limpide, susceptible d'acquérir de la dureté sans rien perdre de sa transparence. Les peintres et les doreurs en font usage pour donner du lustre à leurs travaux, et pour les garantir des injures de l'atmosphère.

Une couche de vernis doit avoir les propriétes suivantes : 1° elle doit défendre de tout accès de l'air; car le bois et les métaux ne reçoivent en général de vernis que pour les garantir de la pourriture et de la rouille; 2° elle doit résister également à l'eau, sans quoi l'effet du vernis n'aurait aucune durée; 3° elle ne doit apporter aucune altération dans les couleurs qu'elle est destinée à conserver. Il est donc nécessaire que le vernis puisse s'étendre facilement sur les surfaces où l'on a dessein de l'appliquer, sans laisser ni pores ni cavités; il faut encore qu'il ne se gerce ni ne s'écaille, et enfin qu'il soit impénétrable à l'eau. Or, les résines sont les seules substances qui offrent toutes ces propriétés réunies; c'est donc la résine qui doit faire la base des vernis. Il ne reste plus à s'occuper que des moyens de les disposer à remplir leur objet. Pour y parvenir, il faut les dissoudre, les réduire à l'état de plus grande ténuité possible, et les combiner en sorte que les imperfections de celles qui pourraient avoir de la tendance à s'écailler, soient corrigées par d'autres.

Trois agens différens peuvent opérer la dissolution des résines : 1° l'huile fixe; 2° l'huile volatile; 3° l'alcool. (Nous ne parlons pas de l'action des alcalis, qui ne peut avoir ici aucun effet utile pour les vernis). De ceci il résulte qu'il doit y avoir trois sortes de vernis : le vernis gras ou huileux, le vernis d'huile essentielle, et le vernis à l'alcool. Avant de faire dissoudre une résine dans l'huile fixe, il est nécessaire de rendre celle-ci siccative. A cet effet, on la fait bouillir avec des oxides métalliques, comme il a été dit à l'article des huiles pour la peinture. Dans cette opération, le mucilage de l'huile se combine avec l'oxide, en même tems que l'huile elle-même s'oxigène; pour accélérer la dessication d'un tel vernis, il est souvent utile d'ajouter de l'huile essentielle de térébenthine. Le second vernis consiste en une solution de résine dans l'huile de térébenthine; après que le vernis a été appliqué, l'huile essentielle s'évapore, et abandonne la résine. On ne se sert guère de cette sorte de vernis que pour les tableaux. Quand les résines sont dissoutes dans l'alcool, le vernis qui en résulte sèche très-promptement, mais il est sujet à se briser ; on corrige néanmoins assez facilement ce défaut, en ajoutant au mélange une certaine quantité de térébenthine, qui ne fait que le rendre d'autant plus brillant, en même tems que moins fragile.

Les vernis appelés, en général, vernis de laque, (les *lacquers* des Anglais), consistent en résines diverses à l'état de solution, parmi lesquelles les plus communs sont : le mastic, la sandaraque, la laque, le benjoin, la copale, le succin et l'asphalte. Les menstrues de la dissolution, sont, ou l'huile fixe, ou l'huile essentielle, ou l'alcool. Pour un vernis de la première espèce, il ne s'agit que d'unir le vernis ordinaire des peintres, avec un peu plus de mastic ou de colophane, à l'aide d'une douce ébullition, et ensuite de l'étendre avec un peu plus d'huile de térébenthine; cette dernière addition augmente le brillant et favorise la dessication plus prompte. De cette espèce est encore le vernis au succin : pour le composer, on tient sur un feu doux, une demi-livre de succin dans un pot de fer, sur le couvercle duquel on a pratiqué un petit trou. On continue la chauffe jusqu'à ce qu'on s'aperçoive que le succin a fondu et s'est réuni à une masse : aussitôt on enlève le vase, et on le laisse un peu refroidir; alors on y ajoute une livre de beau vernis des peintres; et on fait bouillir de nouveau sur le feu, en remuant continuellement; après quoi il faut de nouveau ôter du feu, et quand la matière sera un peu refroidie, on y ajoutera petit à petit, une livre d'huile de térébenthine. Si après son refroidissement, il arrivait que le vernis semblât encore trop épais, on pourrait l'atténuer davantage, au moyen d'une nouvelle addition d'essence de térébenthine. Cette espèce de vernis conserve toujours une couleur brune foncée, parce que le succin, préalablement à son emploi, a été à moitié brûlé; mais si l'on avait absolument besoin d'un vernis au succin qui fût incolore, on pourrait faire dissoudre cette substance réduite en poudre dans le digesteur de Papin, avec du beau vernis des peintres.

Pour exemple de la seconde classe de vernis, composés avec des huiles éthérées, on pourrait citer le vernis fait avec l'huile essentielle de térébenthine. Pour celui-ci on fait dissoudre du mastic seulement dans l'essence, à un feu de digestion très-doux, dans des vaisseaux de verre clos; c'est le vernis qu'on emploie ordinairement pour tous ces objets où les caprices de la mode exigent de la transparence, tels que les carreaux de croisées aveugles, les écrans de cheminées, etc. Ces articles sont ordinairement couverts des deux côtés d'une estampe colorée, et on les couvre de vernis sur les parties destinées à rester transparentes.

La résine copale peut-être dissoute dans la vraie térébenthine de Chio. M. Sheldrake a prescrit de l'y ajouter en poudre, après que la térébenthine aura été fondue, et de remuer jusqu'à parfaite combinaison. On peut ensuite ajouter de l'essence de térébenthine, pour rendre suffisamment fluide le vernis; ou bien, on pourrait mettre la copale en poudre dans un matras à long col, avec douze parties d'essence de térébenthine, et laisser macérer plusieurs jours sur un bain de sable, en secouant le matras. Le vernis ainsi obtenu pourrait être atténué au moyen d'un quart, ou d'un cinquième d'alcool. Des vases métalliques ou des instrumens, couverts de deux ou trois couches de ce vernis, et séchés à chaque couche dans une étuve, peuvent supporter les lavage à l'eau bouillante, ou rester même exposés à une température encore plus élevée, sans dommage pour le vernis.

On obtient un vernis de consistance de térébenthine un peu claire, pour les aérostats et autres machines, en faisant digérer une partie de résine élastique, ou caoutchouc, coupé en petits morceaux, dans trente-deux parties d'huile essentielle de térébenthine. Avant de s'en servir, cependant, il faut le passer au linge fin, pour en séparer tout ce qui pourrait rester d'indissous.

La troisième classe de vernis consiste dans ceux à l'esprit-de-vin ; ici les résines les plus solides, sont celles qui fournissent les vernis les plus durables ; mais il ne faut pas s'attendre qu'un vernis surpasse jamais en résistance celle naturelle de la résine dont il a été formé. C'est donc le comble de l'absurdité, que de soutenir comme beaucoup de gens ne cessent de l'annoncer pompeusement, qu'il puisse y avoir un vernis incombustible, puisqu'il n'y a que des résines qui s'enflamment à la vérité avec plus ou moins de facilité, mais qu'aucune n'est absolument incombustible; au contraire, les résines les plus solides par elles-mêmes, ne produisent que des vernis fragiles; il devient indispensable d'y mélanger une substance plus molle et plus flexible, pour modérer cette grande fragilité. La résine élemi, la térébenthine ou le baume de copahu, remplissent également bien cette indication, étant employés dans les proportions qui conviennent pour chacun. On doit faire usage pour dissoudre ces substances, de l'alcool le plus rectifié qu'on puisse se procurer. C'est la simplicité dans une formule, pour la réunion des ingrédiens, qui atteste l'adresse et la science du manipulateur. Il ne faut donc pas s'étonner que la majeure partie des formules et des recettes nombreuses que l'on a données, soient si malheureusement compliquées d'ingrédiens au moins parfaitement inutiles.

Mais en conformité de toutes les règles, on peut former un très-beau vernis, parfaitement incolore, en faisant dissoudre à une douce chaleur, 8 onces de résine sandaraque et 2 onces de térébenthine de Venise, dans 32 onces d'alcool; 5 onces de laque en écailles, et 1 once de térébenthine, dissoute dans 32 onces d'alcool, à feu doux, donnent un vernis plus dur, mais qui a une teinte rougeâtre: à tous ces vernis, il n'est pas douteux que la dissolution de copale ne soit préférable à beaucoup d'égards. On y parvient par l'intermède du camphre, et pendant que le mélange se fait, on ajoute peu à peu 4 onces de l'alcool le plus rectifié, sans recourir à aucune digestion; ce vernis ne diffère absolument de celui appelé *vernis doré*, qu'en ce qu'il a été ajouté à ce dernier quelques substances qui lui communiquent une teinte jaune. Voici la composition la meilleure pource *vernis doré:* prenez 2 onces de laque en écailles; de rocou et de curcuma, chacun 1 once, et 30 grains de beau sang-dragon, et tirez en une teinture, par 20 onces d'alcool à une douce chaleur. Les vernis à l'huile se mélangent ordinairement avec les couleurs pour la peinture immédiatement, tandis que les vernis dits de *laques* ou à l'esprit-de-vin et aux essences, sont destinés à être appliqués à l'état de pureté par-dessus des fonds déjà couverts de couleur.

A ces notions générales sur la composition des vernis, nous allons faire succéder diverses recettes éprouvées.

Vernis pour boîtes de toilettes, étuis, éventails, etc.

Faites dissoudre 2 onces de mastic, 8 onces de sandaraque dans un demi-litre de fort alcool, et ajoutez 4 onces de térébenthine de Venise.

Vernis pour les meubles et ustensiles en métal.

Faites dissoudre dans un litre d'alcool, 8 onces de sandaraque, 2 onces de laque en grains, 4 onces de résine; ajoutez ensuite 6 onces de térébenthine de Venise. Si vous désirez au vernis une couleur rouge, il faut forçer la dose de laque et diminuer celle de la sandaraque, et y ajouter un peu de sang-de-dragon.

Vernis pour les violons et autres instrumens de musique.

Mettez 4 onces de sandaraque, 2 onces

de laque, 2 onces de mastic, 1 once de gomme élémi, dans un litre d'alcool, et placez sur un feu très-doux jusqu'à ce que tout soit dissous; ajoutez alors 2 onces de térébentine.

Vernis à employer avec le vermillon dans la peinture des équipages.

Faites dissoudre dans un litre d'alcool, 6 onces de sandaraque, 3 onces de résine laque, et 4 onces de résine; ajoutez ensuite 6 onces de térébenthine ordinaire. Vous mélangerez avec ce vernis le vermillon au moment d'en faire usage.

Vernis couleur d'or.

Pulvérisez séparément 4 onces de laque en bâton, 4 onces de gomme gutte. 4 onces de sang-de-dragon, 4 onces de rocou, et une once de safran. Mettez chacune de ces substances sépament dans 1 litre d'alcool, et exposez-les dans des flacons à col étroit, pendant cinq jours au soleil, ou dans une chambre très-chaude, en agitant de tems en tems les flacons pour hâter la dissolution. Quand tout sera complétement dissous, faites le mélange. Plus ou moins de chacun des ingrédiens respectivement, fera varier les teintes, qui s'approcheront ainsi de la nuance d'or qu'on voudra obtenir.

DES VERNIS A L'HUILE.

La résine copale et le succin, sont comme on l'a dit plus haut, principalement employés pour ces vernis : ces substances jouissent éminemment des propriétés qu'on peut rechercher pour cet emploi, c'est-à-dire, la solidité et la transparence. La copale, à cause de sa plus grande blancheur, est réservée pour vernir les couleurs claires, et le succin pour les couleurs plus sombres. Il vaut mieux les dissoudre avant d'en faire le mélange avec l'huile, parce qu'on court alors moins de risque de les brûler, et le vernis est plus beau : il faut les faire fondre dans un pot sur le feu ; on peut convenablement y ajouter l'huile, quand la spatule ne trouve plus de résistance, et quand la matière s'écoule goutte à goutte. L'huile à employer doit être bien siccative et bien épurée; il ne faut la verser sur la copale ou le succin que peu à peu, en remuant continuellement les ingrédiens avec la spatule; quand toute l'huile sera incorporée avec les résines, ôtez le vase de dessus le feu, et après un léger refroidissement, versez dedans une quantité d'essence de térébenthine, un peu plus grande que celle de l'huile employée. Il faut passer le vernis au linge, immédiatement après qu'il aura été fait. Les vernis à l'huile s'épaississent en vieillissant, mais on peut toujours à volonté leur restituer de la fluidité, au moyen d'une addition d'essence de térébenthine, en les chauffant un peu. L'essence de térébenthine est indispensable dans les vernis à l'huile, pour qu'ils puissent sécher convenablement. En général, on consomme deux fois autant de cette essence que d'huile ; il en faut moins en été qu'en hiver : trop d'huile ne permet pas au vernis de sécher complétement, mais quand on n'en emploie pas assez, il reste fragile et ne s'étend pas d'ailleurs facilement.

Dosages. — Vernis blanc à la copale.

Sur 16 onces de copale fondue, versez 6 ou 8 onces d'huile de lin, cuite et bien siccative. Après le mélange complet, ôtez du feu, remuez constamment, attendez que la matière ait un peu refroidi, et versez dedans 16 onces d'essence de térébenthine; Passez à la toile. — Le vernis de succin doit se faire de la même manière.

Vernis noir pour les voitures et les ouvrages en fer.

Ce vernis est composé de bitume de Palestine, de résine et de succin, fondus séparément d'abord, et mélangés ensuite, après quoi on ajoute l'huile, puis l'essence de térébenthine, comme il à été prescrit plus haut. Les proportions les plus ordinaires, sont : 12 parties de succin, 2 parties de résine, 2 parties de bitume, 6 d'huile et 12 de terébenthine.

DES VERNIS A L'HUILE ESSENTIELLE OU VOLATILE.

Ces vernis, réservés principalement pour couvrir les tableaux, doivent remplir des conditions qui leur sont propres. Ils exigent une grande blancheur, de la légèreté, et une transparence parfaite. Il faut qu'ils altèrent le moins possible les tons du tableau, et il est nécessaire qu'on puisse à volonté les enlever, sans nuire à l'ouvrage. En général, on n'emploie pour ces vernis que du mastic et de la térébenthine, dissous ensemble dans quelque huile essentielle; il faut les passer à la toile et leur donner le tems de se clarifier : ils s'emploient à froid.

On emploie encore pour des ouvrages très-communs, un vernis à bon marché, appelé *vernis de térébenthine*, et dont voici la composition.

Par chaque gallon (environ 4 litres) d'essence de térébenthine, mettez cinq livres de résine claire bien pulvérisée; placez le tout dans un vase d'étain à l'étuve, attendez la solution complète, passez au linge, et gardez pour l'usage.

Les compositions que nous avons données suffiront amplement au besoin des fabricans, et offrent tous les vernis qui peuvent être préparés à l'avance, et gardés dans les magasins pour la vente. Dans le traité de la peinture en bâtimens et des décors, qui fait suite à celui-ci, nous ajouterons plusieurs préparations que les décorateurs font eux-mêmes extemporanément.

FIN DES COULEURS.

TABLE DES MATIÈRES.

Des Couleurs vitrifiables, pour Peinture sur Porcelaine, Faïence, Cristaux, etc.

Fabrication des Crayons durs de toute espèce.

Fabrication des Vernis.

FIN DE LA TABLE.

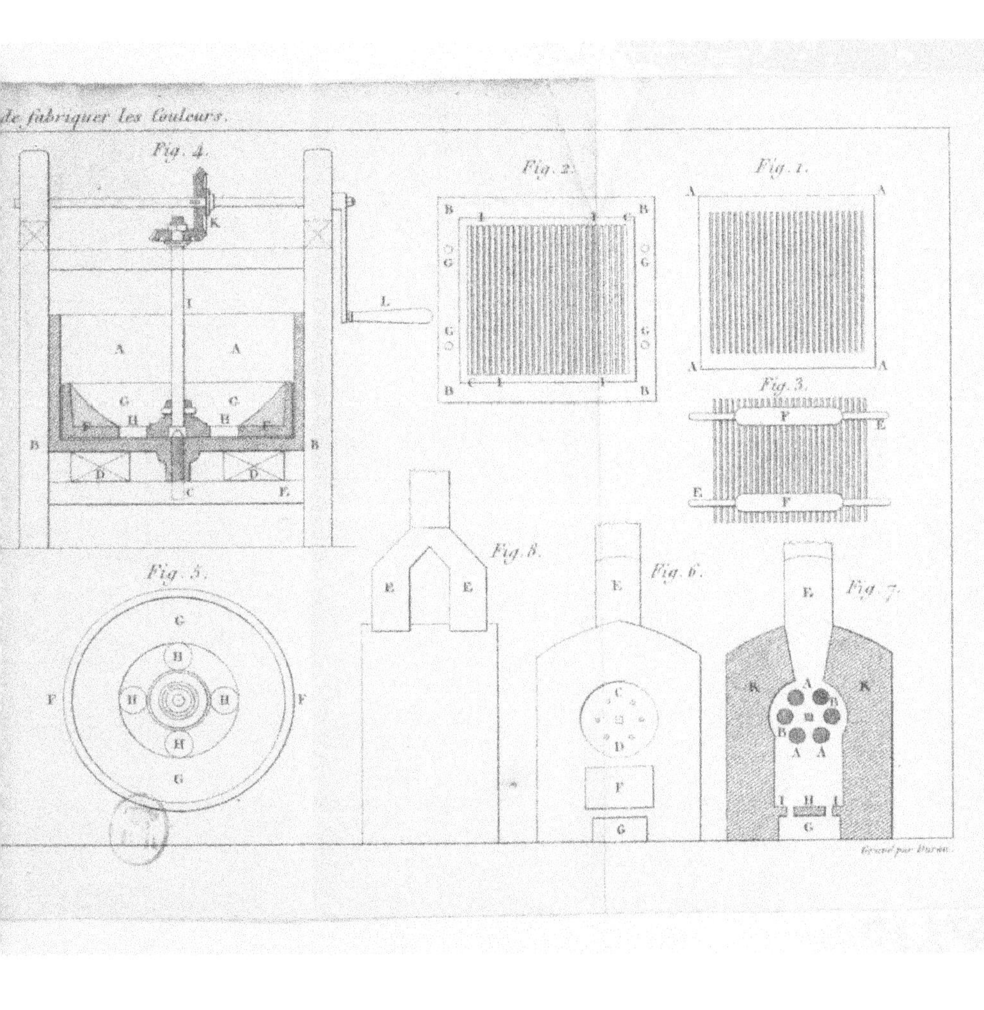

Gravé par Durau.

www.ingramcontent.com/pod-product-compliance
Ingram Content Group UK Ltd.
Pitfield, Milton Keynes, MK11 3LW, UK
UKHW022057260726
13993UKWH00001B/172